U0488346

你不知道的古人生活冷知识

曲水 著

中国友谊出版公司

图书在版编目（CIP）数据

你不知道的古人生活冷知识 / 曲水著 . -- 北京：中国友谊出版公司，2021.10

ISBN 978-7-5057-5315-0

Ⅰ . ①你… Ⅱ . ①曲… Ⅲ . ①社会生活－中国－古代 Ⅳ . ① K207

中国版本图书馆 CIP 数据核字 (2021) 第 174906 号

书名 你不知道的古人生活冷知识

作者 曲　水

出版 中国友谊出版公司

发行 中国友谊出版公司

经销 新华书店

印刷 天津中印联印务有限公司

规格 880 × 1230 毫米　32 开

9 印张　169 千字

版次 2021 年 10 月第 1 版

印次 2021 年 10 月第 1 次印刷

书号 ISBN 978-7-5057-5315-0

定价 49.00 元

地址 北京市朝阳区西坝河南里 17 号楼

邮编 100028

电话 （010）64678009

序言

历史是对人类过去活动的记录，我们日常接触到的历史，大多是以帝王将相、才子佳人的事迹为主，很少涉及古人的日常生活，就算偶有提及，其叙述也大多比较笼统，让读者难以了解古人生活中的细节。本书致力还原古人日常生活中的方方面面，包括衣食住行、婚丧嫁娶、文化娱乐等。

在中国长达数千年的历史中，古人的生活是不断发展变化的，由于篇幅所限，本书在内容上采取以点带面的形式，精心选取了63个读者比较感兴趣的话题，希望将其作为钥匙，为读者打开通向古人日常生活的大门。

人类与自然是一种“不一不异”的关系，人类社会早期的生存环境极为恶劣，人们既要从大自然中获取生存所需要的物资，同时也要与自然进行博弈。火的使用，是人类发展史上的巨大进步，它最大的意义就在于提高了人类生存的能力。在掌握了用火加工食物的方法后，人类食物种类大为丰富，其吃法也多种多样，从蒸、煮、烤到炒、煎、炸，可谓花样百出。

在一定程度上解决了温饱问题之后，人们才有多余的食物用来酿酒。从某种意义上讲，酒的出现是人类社会发展到更高层次的标志。它不是生活的必需品，但却是享受生活的重要物品。在古代的娱乐活动中，酒是不可或缺的元素。由此也产生了与酒相关的文化及各种娱乐活动。不过，随着社会的发展，阶级开始出现，这使饮食也有了明确的等级之分，平民与贵族之间的饮食逐渐天差地别，很多食物平民根本没资格享用。

岁时节令的出现，是古人对自然认知的进步，人们在不同时节会举行不同的活动，但古人还无法对自然变化形成科学的认知，所以这些活动中很多还带有自然崇拜的影子。但也因此产生了独具特色的民俗，诞生了与之相适应的饮食文化。比如，在特殊的节日食用一些特殊的食物，这种风俗在今天依然存在。

在今天，居住问题成为人们走向社会后亟须解决的难题。那么，古人是否也面临同样的问题呢？自从“有巢氏”学会修建房屋之后，古人就逐渐从山洞岩穴中走了出来。到秦汉时期，古人修建房屋的技术大为进步，所以才能出现像阿房宫、上林苑等大型建筑群，同时也出现了比较发达的城市系统。汉代豪强地主崛起，到后来形成魏晋南北朝时的世家大族，他们热衷于修建大量的私家园林，中国的园林文化在这一时期大为发展。而古人的别墅庄园，其豪华程度超乎你的想象。在居住环境上，古人追求人与自然的和谐统一，这种居住理念对今天人类生存环境的改造，仍具有重要的借鉴意义。

在物质资料丰富之后，人们便可以将剩余的物品用来交易，各取所需，由此诞生了古代的商业文化。由于古时的大多数朝代都实行“重农抑商”的政策，所以经商在古代有着严格的限制。那么古人又是如何经商的呢？

随着生产力的进步与生产资料的丰富，古人的生活方式也在发生变革。古人闲暇时会干什么？有哪些娱乐活动？古人的童年会玩什么游戏？古代的学生有寒暑假吗？都说古人“日出而作，日落而息”，他们真的没有夜生活吗？本书也将对这些问题进行一一解答。

婚丧嫁娶是人生的重要环节，原始社会人们“只知其母，不知其父”，婚姻中“六礼”的出现是人们进入文明社会的重要标志。我国自古以来就是大一统的国家，地域辽阔，民族众多，形成了不同的生活方式与礼仪制度。古时北方的游牧民族有着独特的风俗习惯，本书将带着读者对他们的婚丧嫁娶一探究竟。

从根本上讲，人们在生活中只面对两个问题：一是生存问题；二是信仰问题。前者我们将其归为物质生活，后者我们归为精神生活。很多时候，精神生活能否得到满足与物质生活并无关联，否则幸福快乐就成了富人的专利。富者与普通人有着同样的烦恼。在本书的最后，将通过民间的风俗与传说，一探古人的精神世界。

很多人会问：“读历史有什么用？”关于这个问题，三国时的孙权曾给出过答案：“但当涉猎，见往事耳。”就是从历史中可以吸取经验教训，增加自己的见识与才智。从功用上讲，读史的目的有两个：一是学习如何做人；二是学习如何做事。事物的发展变化有其一定的规律，而历史是对其最好的见证，我相信能够做到“以史为鉴”的人，已经是生活中的智者了。

曲水

2021 年 5 月 1 日

目录

第一章　古人的饮食与穿着

第二章　古人的居住与出行

第三章　古人的经济与娱乐

第四章　古人的科技与生活

第五章　古人的婚丧嫁娶

第六章　古人的风俗与传说

第一章

古人的饮食与穿着

古人日常是怎么取火的

火在人类的生存发展史上起着至关重要的作用，除了可以用于取暖之外，火的另一个用途是使食物由生变熟。千万不要小看这一层用途，它比取暖对人类的意义更加重大。马克思认为，用火熟食代表着人类社会蒙昧时代低级阶段的结束。可以说，火的使用开创了人类发展史上一个崭新的时代。那么，古人是如何取火的呢？

较为原始的方法是钻木取火，而说到钻木取火就不得不提到我们的一位祖先——燧人氏。我们中国人今天习惯称自己为“炎黄子孙”，但实际上，在黄帝和炎帝之前，我们还有好几位祖先，包括有巢氏、燧人氏、伏羲氏等，其中的燧人氏就是我们中华民族第一位用火的祖先。

燧人氏生活的时代还是原始社会，大概处于旧石器时代中晚期，他们生活的地点位于河南商丘至河北保定一带，因此商丘有“中国火文化之乡”的美誉。燧人氏取火大致可以分为两个时期：前期主要是钻木取火；后期为击石取火。钻木取火的方式比较困难，对木头的材质和天气情况要求都比较高。

《拾遗记》中记载：“遂明国有大树名遂，屈盘万顷。后有圣人，游至其国，有鸟啄树，粲然火出，圣人感焉，因用小枝钻火，号燧人氏。”

通过今天的技术，我们很容易还原钻木取火的经过，在《荒野求生》等栏目中，会经常见到这样的场景。不过，古人更常用的取火方法，还是使用火石。火石也称“燧石”，是一种硅质岩石，两块燧石互相击打可以产生火花。

从钻木取火到击石取火是人类用火技术的进步，我们很难考证燧人氏在其中到底扮演了什么样的角色。由于燧石和铁器之间互相击打也可以产生火花，逐渐成为古人主要的取火方式，最常见的相关物品就是火镰。

火镰主要由三部分构成，即火石、火刀和火绒。火石即燧石，也可以用鹅卵石代替；火刀由铁制成，用于与火石击打，形状类似镰刀，其名称就源于此；火绒是由艾蒿或棉花制成的绒线。

火镰里的火刀（清代）

火镰的生火原理十分简单，即通过火石与火刀互相击打，产生火花来引燃火绒。火镰生火有几个显著的优点：一是携带方便；二是不惧潮湿，火镰的三个部件中，只要火绒不湿，就可以打火；

三是不怕风，像火柴等物，风一吹很容易灭，在野外使用时不太方便，火镰则不受此限制；四是安全性比较高，火镰必须由人主动击打才能生火，不会因为温度高或磕碰而着火。

火镰在古代的使用十分广泛，是人们居家及随身携带的重要物品，喜欢吸烟的人几乎全部随身携带火镰。在《水浒传》中，梁山好汉去放火时，就曾用火镰作为点火的工具。在后来，火镰还逐渐奢侈化，装火镰的袋子可以用名贵的丝织品，甚至用象牙做成火镰盒，在盒上还镶有各种名贵的材料，如玉、玛瑙、琥珀等。

在古代，火镰还是定亲的聘礼之一，清代小说《儿女英雄传》中的一份聘礼名单中就写道："一分火石火镰片儿，一把手取灯儿，一块磨刀石……"

古时还有一种比较有趣的取火方式是用"阳燧"取火。我们小时候都玩过在太阳下用放大镜将纸点燃的游戏，阳燧的取火方式与此类似。不过，放大镜是凸透镜，而阳燧的原理则类似凹透镜。

阳燧的材质一般为铜，做成凹面的形状，在太阳底下可以凝聚日光，点燃物体。这里有一点要弄清楚，阳燧是凹面镜，而不是凹透镜。懂物理的朋友都知道，凹透镜是散光用的，凸透镜才是聚光的。阳燧是铜制的，阳光无法穿透，所以做成凹面才可以聚光。

阳燧

阳燧在我国的历史十分久远，在汉代《淮南子》中就有相关的记载："阳燧，金也。取金盂无缘者，执日高三四丈时，以向，持燥艾承之寸余，有顷焦之，吹之则燃，得火。"

据东汉时王充所著的《论衡》中记载，汉代端午节时还有"铸阳燧"的习俗，人们认为阳燧可以凝聚阳光，有辟邪的作用。这种用铜镜辟邪的风俗，在今天依然存在，并且还流传到了日本、朝鲜等地。

有趣的是，古时还有一种与"阳燧"相对的做法，称为"阴燧"。"取火于日"称为"阳燧"，而"取水于月"就称为"阴燧"，就是用铜盘在月夜时承接露水。当然"阴燧"就与取火无关了。

古代还有一种重要的取火工具，即"火折子"，在今天的武侠小说或电视剧中经常出现。火折子的原理与前面介绍过的各种取火方法都不一样，它用的是一种复燃的形式。制作火折子时，通常用粗糙的土纸将硫黄、硝、松香等易燃物卷成筒状，放进制好的竹筒里，再将其点燃后吹灭。此时的火折子虽然已无明火，但灰烬中的余火，风一吹很容易再次燃烧。

在今天，人们依然可以买到火折子。但其原理与古代的火折子已大不相同，多为充电或充气使用，可以将其理解为一种外观类似火折子的打火机。但这种现代火折子的销量依然很高，可以看出人们对古代这种特殊取火方式的喜爱。

古人什么时候开始吃炒菜

在今天，炒菜已成为中国烹饪的重要组成部分，但在西餐中，单纯的炒菜仍不多见。可以说，“炒”这种烹饪方式，是中餐的主要特色。那么在中国，人们什么时候开始吃上炒菜的呢？答案可能比较令人失望，我们仍无法确定炒菜在我国历史上最早出现的时间。不过，本文中大胆地推测一下，炒菜可能出现于汉魏时期。

关于炒菜最早的记载，应该出现在南北朝时期，贾思勰所著的《齐民要术》中，里面详细地记载了炒鸡蛋和炒鸭肉的做法。“炒鸡子法：打破，著铜铛中，搅令黄白相杂。细擘葱白，下盐米、浑豉，麻油炒之，甚香美。”这里面记载的炒鸡蛋的流程与我们今天的做法几乎完全一致。

关于炒鸭肉的做法也是如此，“鸭煎法：用新成子鸭极肥者，其大如雉，去头，烂治，却腥翠五藏（同“脏”），又净洗，细创如笼肉。细切葱白，下盐、豉汁。炒令极熟，下椒、姜末，食之。”

有些读者可能会好奇，既然炒菜的记载最初见于南北朝时期，那么为什么本文中要将炒菜出现的时间定为汉魏呢？我们知道，一种新事物在最初出现时，一般都是鲜为人知的，它从逐渐传播，到被人们所接受，再到出现于文字记录中，可能需要经历漫长的过程，所以本文中将炒菜出现的时间向前推至汉魏时期。

那问题又来了，为什么不继续向前推至秦代，甚至先秦呢？其实也不是不可以，不过保守起见，本文将其推至汉魏而已。在战国时期的曾侯乙墓中，曾出土过一种平底的青铜炉盘，从功能上讲，它可以用来炒菜，但我们还无法确定这件物品在当时具体是做什么用的。

我们在此不妨梳理一下古人吃菜的过程。

前文中提到过，用火熟食是人类饮食上的巨大进步。它不仅大大扩展了人类的食物种类，而且让食物更利于人体消化吸收，从而增强了人的体质，让人类有更强的能力去面对原始社会恶劣的自然环境。在元谋人和山顶洞人的遗址中，曾出土炭屑，还发现了灰烬层及一些树籽、动物的骨头。可见在原始社会，人们就开始用火加工各种食物，但当时应该还是以烧和烤两种方式为主。

而说到文字记载，在甲骨文中，已经有了“煮”的含义，这个字是“庶”。据《京都大学人文科学研究所藏甲骨文字》中所述，甲骨文中的“庶”字是屋下烧石之形；而在西周晚期青铜器毛公鼎的器铭中，可以看出，金文中的“庶”字也继承了甲骨文中的屋下烧石之形。在古代文献中，“庶”与“煮”的读音是相同的。在清代段玉裁的《说文解字注》中就说道：“庶读如煮，拟其音耳。”

毛公鼎

到了新石器时代的时候，人们已经开始用各种陶器来加工食物了。在《孟子》中记载，舜在民间耕作的时候，其饮食情况是“饭糗茹草”，这里面的“茹草”指的应该就是蔬菜了。除此以外，在新时期时代，已经出现了许多陶制的炊具，如盂、盘、壶、鼎等。在仰韶文化时期，出现了陶制的釜、灶、碗、瓶、缸等，后期还出现了杯、鬲、瓮等，并且有了可以用来蒸饭的炊具——甑。从功能上讲，前面提到的某些炊具也可以用来炒菜。

另外，在炒菜中，经常会用到一种调味品——葱，在《山海经·西山经》中，记载了类似的食物：“（昆仑之丘）有草焉，名曰蕡草，其状如葵，其味如葱，食之已劳。”如果先秦时已经有了炒菜，那么那时的人们在炒菜时会不会放蕡草呢？不过，《山海经》的成书年代难以确定，其记载内容又多荒诞不经，所以无法为确定炒菜出现的年代提供依据。

到了夏商周时期，中国已经出现了饮食文化和礼仪。商朝著名政治家伊尹就是庖者出身，庖者，即今天的厨师。伊尹用烹饪的理论来治理天下，生动形象，令人耳目一新。到了周代时，已形成了系统的饮食礼仪，而青铜器也开始越来越多地用于饮食领域。

伊尹

不过，一直到春秋战国时期，人们最常用的烹饪方法还是煮和蒸。此时贵族的食物已经十分讲究，在山东滕州发现的薛国墓葬中，甚至发现了类似水饺或馄饨的食物残留，但还是没有炒菜出现的迹象。在《左传》中，齐国的晏婴曾提到过一种烹制肉羹的方法，但结合其上下文，这种所谓的烹制方法，说的还是煮。晏婴此人也算博学多才了，关于他的故事，我们更熟悉的还是曾入选小学语文教材的《晏子使楚》。

总之，到了秦代的时候，无论从饮食文化还是饮食器具上来看，炒菜出现的条件都已具备。秦朝存在的时间较短，汉朝时张骞出使西域引进了各种蔬菜，所以本文将汉魏时期定为炒菜出现的时间，还是具有一定的合理性的。

庖厨图（汉代）

大葱蘸酱是汉朝才有的高待遇

酱是今天常见的调味品，它的种类非常多，有豆酱、面酱、肉酱、鱼子酱、果酱，还有各种用蔬菜制成的酱。酱的制作与食用，在我国有着悠久的历史。

在周代时，就已经出现了用肉做成的酱，称为“醢”。《说文》中记载：“橘：酱也。酱：醢也。从肉从酉，酒以和酱也。”其做法是先将肉切碎，然后再掺杂高粱粉、盐、酒等物，放进密闭的容器中，经过百日之后，即可制成“醢”。

在当时，醢是一种名贵的食物，在贵族的聚会及宴饮中十分常见，《风俗通》中记载：“酱成于盐而咸于盐，夫物之变有时而重。”在河南洛阳发现的战国时期的陶甄，就是一种盛酱的工具。

有趣的是，根据周代的进食礼仪，吃饭时各种食物的摆放位置也有讲究。还没有切过的肉要放在左边，切好的肉放在右边，主食、汤、酒等也放在右边，调味用的酱要放在靠中间的位置。之所以将食物如此摆放，是为人们进食提供方便。在当时人们的进食方式还是用手抓取食物，虽然此时箸已经出现，但只是用来吃一些煮的食物。《礼记·曲礼上》说："羹之有菜者用梜，其无菜者不用梜。"

用手抓食物就涉及卫生的问题，古人很注重这一点，抓过的食物不能再放回去，吃完肉后不要乱扔骨头，喝汤时不能发出很大的声音，吃饭时要谦让，不要只顾着自己吃。对于最后这一点，笔者感触颇深，今天已经有了可以旋转的餐桌，在餐桌上，有的人只顾着自己，一直转桌子夹菜，这种行为真的太讨厌了！前面提到的这些饮食礼仪在今天依然适用，可见古人制定的礼仪还是非常具有前瞻性的。

在今天，酱的吃法多种多样，比较直接的吃法是"蘸酱"，而其中较为著名的是大葱蘸酱，多见于我国北方，尤其是东北地区。之所以出现这种现象的原因可能在于，葱虽然是一种普遍的食物，但大酱可以说是一种北方特产，在东北地区尤其流行。

大酱也称"黄酱"，是一种豆酱，主要的制作原料是大豆、面粉、食盐和水，在经过发酵之后制成。由于其材料成本低且容易获取，做法又简单，所以大酱在民间极为流行。

大葱蘸酱这种吃法起于何时已很难确定，不过葱的历史十分久远，甚至有人认为神农尝百草的时候就吃过葱。不过，这终究只是传说，更准确的记载出现于战国时期的著作《管子》中，齐桓公曾向北攻伐山戎，得到冬葱，随后葱逐渐流传到各地。古代葱的种类十分之多，《齐民要术》中记载："葱有冬春二种，有胡葱、木葱、山葱，二月别小葱，六月别大葱，夏葱曰小，冬葱曰大。”

另外，还有一个与葱有关的小知识，截至本书创作时，在吉尼斯世界纪录中，最高的大葱诞生于我国山东济南市的章丘，其大葱高度为 2.532 米。

至于大酱起于何时，在汉朝的时候，酱的种类已十分丰富。而大酱的主要材料（大豆、面粉、盐、水）都比较常见。大豆也称“菽”，是古代“五谷”之一；而面粉的来源是小麦，也是“五谷”之一；盐和水就更常见了：所以即便是在当时的普通人家，制作大酱也并非难事。因此，在汉朝时已经完全具备了大葱蘸酱的条件。

但关于大酱更详细的记载，恐怕还要到两宋时期。《金史》中记载，“辽金故地滨海多产盐，上京、东北二路食肇州盐”。女真人“以豆为酱，制作豆酱，以蒜、芥末、醋加菜中调味”。

其实这并不意外，辽金滨海地区产盐，东北地区直到今天仍是我国大豆的主要产地。所以当年金人南下说不定对大酱的推广起了一定的作用，而到了清代，满清入关，大酱又得到了进一步的推广。据说在清朝宫廷饮食中，蘸酱菜是一道必备的菜肴。

在今天，大葱蘸酱这种吃法在北方仍十分流行。

无比讲究和超前的大宋餐具

筷子是中国人最常用到的一种餐具，从古至今，皆是如此。一些西方人认为用筷子就餐的方式不够精致，至少没有他们使用刀叉来得讲究。殊不知，早在一千多年前，当他们的祖先还不知如何讲究用餐时，大宋的百姓就已经将极为讲究的餐具摆上餐桌了。

提到宋朝人的餐桌，各式各样的美食往往占据主要地位，其实抛开各类美食，宋人的餐桌上还有许多值得研究的东西，比如那些摆在餐桌上供人使用的餐具。

在一般的酒楼就餐，可能用不到太多餐具，但若是要到宋代最为高档的酒楼去，不了解餐桌上摆放的各类餐具，可是会闹出不小的笑话的。

若论宋代最为高档的酒楼，樊楼是不得不提的。在汴京城的大小酒楼中，樊楼在规模及规格上都是首屈一指的。它并不只是一座独立的酒楼，而是一片绵延的建筑群落。在这里高官贵胄有自己独享的雅间，寻常百姓也可以找到属于自己的散座。逢年过节时，樊楼内外灯火通明，高官贵胄与寻常百姓分散在樊楼各处，各享宴饮之乐。

宋代的樊楼

高端的酒楼除了有美味的食材外，盛放、夹取食材的餐饮器具自然也是必不可少的。宋代酒楼中所用到的餐具主要有食具和酒具两大类，食具主要有碗、盘、钵、筷子等，酒具则主要有杯、盏、注碗、注子等。

碗、盘和筷子是宋人餐桌上的主要餐具，钵是一种比碗大一些的餐具，主要用来盛汤。杯和盏都是重要的饮酒用具，注碗和注子是成套的酒具，相当于现代的温酒套装，注子用来盛酒，注碗则用来放温水温酒。

在宋代各种规格的酒楼中，都可以见到这些基础餐具，一些高端的酒楼会用金银来制作这些基础餐具，以凸显其价值和使用者身份。像樊楼这样的酒楼，许多基础餐具便都是银器，一套不大不小的银器酒具就值百余两纹银。那些摆满金银器的餐桌，普通百姓是根本用不起的，只有高官贵胄们才可享用。

除了这些基础餐具外，高端的酒楼还会配备一些特殊的餐具，比如箸瓶、止箸和渣斗，这三样餐具也是宋人宴饮时的必备餐具。

箸瓶与现代的筷子筒很像，是用来盛装筷子的容器。在宴请宾客时，宋人会在每一桌上都摆放箸瓶，等到客人入席落座后，会有专人帮宾客把筷子从箸瓶中取出来。除了可以盛装筷子外，箸瓶还能放一些其他餐具，比如文人雅士们会用它来盛放香箸和香匙，用在这里的箸瓶也可以称为“香瓶”。

止箸与现在的“筷枕”颇为相似，主要是为了防止筷子沾到餐桌上的脏物而配置的。宋人会为每位宾客准备一个止箸，当客人想要放下筷子聊聊天或休息一下时，便可将筷子放在止箸上。

宋人在用餐时，不止会用到筷子，很多时候他们还会用到匙，也就是勺子。有教养的食客在拿勺子时，一定会先放下筷子，在拿筷子时，则要先放下勺子。“一手拿勺子，一手拿筷子”的行为在宋人眼中是不礼貌的。

在使用筷子时，便可以将勺子放在止箸上面；使用勺子时，又可以将筷子放在上面。这样既保证了饮食卫生，又保持了优雅仪态。

若论保持优雅仪态，渣斗可算是优雅用餐的重要器具了。这是一个像喇叭一样的瓷罐，敞口很大，方便人们向里面投放杂物。把一些饭菜残渣和鱼刺鱼骨直接吐在地上或桌上都不雅观，宋人便准备了渣斗来盛放这些食物残渣。

渣斗

有了这几样食具后，宴席的规格也就上了一个档次。一些高端酒楼为了进一步凸显自己的规格，还会使用“插山”和“食屏”来装点餐食。

“插山”是一种用木头雕刻成的假山装饰，主要是用来装饰餐食的。将一些餐食一层一层地摆放到假山上后，餐食瞬间会呈现出一种错落有致的立体感。如此，食客在大饱口福之前，便先获得了视觉上的享受。

“食屏”是一种分隔菜品的屏风，为了照顾不同食客的饮食口味，有的酒楼会用食屏将荤素菜品分隔开。想吃荤菜的食客可以坐到一边，想吃素菜的食客则可以坐到另一边。如果某个食客近期想要减肥，但看到肉食却又控制不住自己，那选择这种带有食屏的餐桌用餐，便可以帮助他摆脱困扰。

插山和食屏在宋代并不算是常见餐具，使用的频率也不高，但在竞争火爆的大宋餐饮界，各大酒楼想要突出自己的格调与气质，那就必须在餐桌上下功夫。一些极具创意的餐具既可以为食客带来就餐的便利，也可以大大提升食客的就餐体验。摆在客人面前的餐具越是复杂，客人就越会觉得自己受到了重视，越多顾客产生这种心理，酒楼的生意也就会越红火。

元朝的“网红奶茶”

现如今，各大商场的临街店铺基本上都已经被奶茶店所占领，各大品牌的网红奶茶店各出奇招，吸引了大量顾客排队购买。其实早在我国元朝时，奶茶这种特色饮料便已经出现。

元代学者忽思慧在其著作《饮膳正要》中，在描述一种名为“炒茶”的饮料时写道：“用铁锅烧赤，以马思哥油、牛奶子、茶芽同炒而成。”这里面的“牛奶子”和“茶芽”都很好理解，那“马思哥油”指的又是什么呢？

《饮膳正要》中对此也有记载，“取净牛奶子，不住手用阿赤（即打油木器也）打取浮凝者为马思哥油”。从制作手法可以判断，元朝人所用的这种“马思哥油”与我们今天所使用的黄油是颇为相似的。

如此来看，元朝人所喝的“炒茶”是一种加入了茶叶、牛奶和黄油炒制而成的奶茶。在茶饮中加入牛奶，算是元朝人在饮品革新上的一种创举。这种做法在大多数宋人看来，是难以接受的，但对于元朝人来说，确实很符合其饮食习惯。

元朝统治者是来自北方草原的蒙古族，他们的日常饮食以奶酪和肉类为主。他们会制作各类奶制品。在饮茶时他们也会根据自己的口味对茶进行改造，添加一些牛奶或是其他调味品，这样便形成了元朝独有的奶茶。

当蒙古统治者将领地扩展到整个中原地区时，这种饮茶习惯也随之扩散到民间，和中原地区原有的饮茶习惯并存下来。

除了在茶饮中加入牛奶，一些元朝人还从宋人的抹茶法中获得灵感，往茶饮中加入一些花果，便成了独特的元抹茶，进一步丰富了中华民族的茶文化。

在各种奶茶制法的加持下，元朝涌现出了数十种“网红奶茶”，像玉磨茶、枸杞茶、燕尾茶、香茶等，都是当时备受欢迎的特色奶茶。

刘松年《撵茶图》（南宋）

根据《饮膳正要》记载，玉磨茶在制作时，要选用上等紫笋与苏门炒米各五十斤，筛洗干净后再一同搅拌，而后放入玉磨中研磨成茶。

枸杞茶则是取枸杞五斗，用水淘洗净，去除上面的浮沫，然后焙干，再用白布筒净，去蒂萼、黑色，选拣其中最红最熟的，先用雀舌茶展溲碾子，剔除掉茶芽，然后把枸杞碾为细末。

燕尾茶需要用江浙和江西的一种特殊茶芽加工制作，因此茶“一芽带两叶，号一枪两旗，形似燕尾”，所以得名“燕尾茶”。

香茶以香得名，以形诱人，用一袋白茶与三钱龙脑、半钱百药煎、二钱麝香共同研磨成粉制成。

不同的茶品除了在制法上有所不同外，在饮用时也有不同的讲究。针对每一种“网红奶茶”，元朝人都研究出了各自的喝法。

比如，香茶要和香粳米一起熬成粥饮用；枸杞茶要空腹饮用，饮用时加入酥油搅拌均匀，然后再用温酒调茶。

拥有如此多品类的“网红奶茶”，不抓紧注册商标，可是会吃大亏的。元朝人似乎也懂得商业品牌的价值，除了前面提到的以加工手法和茶芽特征命名的“网红奶茶”外，元朝还出现了许多特殊名称的茶品。仅在《饮膳正要》中便有“范殿帅茶”“金字茶”“女须儿”等。

除了各种“网红奶茶”，元朝还在吸收中原原有的茶食的基础上，结合草原民族的饮食结构，形成了别具一格的食用茶点。

这些蒙古点心不仅受到统治阶层的欢迎，而且还流传广远，汉族和其他民族的平民阶层也趋之若鹜。

可以看出，元朝人的茶文化是非常繁荣的。在元朝人的生活中，无论是婚丧嫁娶，还是节日探亲，茶都是必不可少之物。亲友之间互相馈赠茶品成为元朝人的一种生活礼节。

作为一个多民族融合的朝代，元朝虽然为草原民族所统治，但依然在某种程度上传承了中原民族的文化，并进一步丰富了中华文化，这一点从其饮茶文化中便可见端倪。

古代有意思的面食

古代的面食种类繁多，汉魏时，面食已经是很普遍的食物了。隋唐时期，在北方，面食已成为人们最主要的食物之一。古代的面食可以分为两大类：一是饼类；二是各种油炸面点。

唐代时，饼类已成为社会各阶层的日常主食，在当时流行的主要有蒸饼、烤饼、油炸饼、汤饼等。

蒸饼的做法是把面发酵以后蒸熟，从做法上看，有点类似今天的馒头，很多人认为二者是同一食物。但据本人考证，二者似乎有些不同。据《酉阳杂俎》中记载，制作蒸饼时，“用大例面一升，炼猪膏三合”而成。我们知道，馒头是用水和面做成，一般不需要放油。而另一种用来蒸的面食——花卷，在制作的过程中，是需要放一些油的。所以，比起馒头，蒸饼的做法可能与今天的花卷更加相似。

还有种说法，蒸饼即是炊饼，之所以改称“炊饼”，是为了避宋仁宗赵祯的名讳。宋吴处厚《青箱杂记》中记载：“仁宗庙讳贞，语讹近蒸，今内廷上下皆呼蒸饼为炊饼。”而关于炊饼，大多数人最先想到的，就是《水浒传》中武松的哥哥武大郎，他就以卖炊饼为生。

记得以前看过一本关于《水浒传》的文章，里面提到武大郎卖的炊饼是今天的包子，这种说法似乎不太全面。因为蒸饼分为两种，即带馅的和不带馅的。前面说过，不带馅的可能是馒头，也可能是花卷；带馅的蒸饼一般都被认为是今天的包子。

宋代时，已经出现了“包子”的叫法。《燕翼诒谋录》中记载：“仁宗诞日，赐羣（同“群”）臣包子。”而在《水浒传》中，武松路过十字坡时，孙二娘曾说：“客官，歇脚了去。本家有好酒、好肉。要点心时，好大馒头！”

武松取一个馒头拍开看了，叫道：“酒家，这馒头是人肉的，是狗肉的？”那妇人嘻嘻笑道：“客官，休要取笑。清平世界，荡荡乾坤，那里有人肉的馒头，狗肉的滋味。我家馒头积祖是黄牛的。”

可见，孙二娘卖的馒头是带馅的，那么武大郎卖的炊饼为什么不直接叫馒头呢？可见二者还是有区别的。

春饼也是蒸饼的一种，在古代有立春日吃春饼、生菜的习俗，将饼与菜放在一个盘里，称为“春盘”。唐代诗人杜甫在《立春》一诗中，就写道：“春日春盘细生菜，忽忆两京梅发时。盘出高门行白玉，菜传纤手送青丝。巫峡寒江那对眼，杜陵远客不胜悲。此身未知归定处，呼儿觅纸一题诗。”发展到后来，春饼中所卷的食物已不限于生菜，还有火腿肉、鸡肉、腰花、萝卜、洋葱等，可谓五花八门。

古代还有一种烤饼，用火炉烤制而成，也叫“炉饼”，是从西域传入的食物，因此也称“胡饼”。在胡饼的表面还会撒上胡麻等物，所以也称“胡麻饼”。这种饼类似今天的烧饼，有带馅的和不带馅的，《唐语林》中就曾记载一种羊肉胡饼的做法，“起羊肉一斤，层布于巨胡饼，隔中以椒豉，润以酥，入炉迫之，候肉半熟食之，呼为‘古楼子’”。

唐代时，长安城中皇城西福门外辅兴坊中所卖的胡麻饼最为知名，大诗人白居易就非常喜欢吃这里卖的胡饼，还曾经仿照辅兴坊的做法，亲手制作胡饼送给朋友，并赋诗《寄胡饼与杨万州》：“胡麻饼样学京都，面脆油香新出炉。寄与饥馋杨大使，尝看得似辅兴无。”

炉饼因为是烤制的，所以其外皮应该是比较脆而且比较硬的。宋代叶梦得在《避暑录话》中记载了一个故事：唐朝时有一种名为“红绫饼餤”的炉饼很受欢迎，有个叫卢延让的读书人，考了二十五次进士都没有中，等到他做官的时候，年龄已经很大了，他在四川做学士的时候，当地有人因其年老而瞧不起他，卢延让于是作诗云：“莫欺零落残牙齿，曾喫红绫饼餤来。”

在古时的饼类食品中，还有一种叫“汤饼”的食物，实际就是今天的面条。在贾思勰所著的《齐民要术》中，曾详细记载过汤饼的做法，即“水引法”。先用冷肉汤调和筛过的面，再揉搓到筷子般粗细的条，切成一尺长的段，在盘里盛水浸着，再在锅边上揉搓到韭菜叶那样薄，下水煮。

在晋代束皙所作的《饼赋》中曾说道，在严寒的冬季，人们早上被冻得流鼻涕，口中呼出的气都变成霜，这时最大的享受就是吃上一碗热气腾腾的汤饼。

在唐代，汤饼既有热的，也有凉的，在做面条的时候，还可以用菜汁来和面。其中最著名的要数“槐叶冷淘”，就是用槐叶汁和面，煮熟之后再过水而制成的一种凉面。大诗人杜甫就吃过这种面，还曾作《槐叶冷淘》一诗，其中有几句是这样写的：“青青高槐叶，采掇付中厨。新面来近市，汁滓宛相俱。入鼎资过熟，加餐愁欲无。碧鲜俱照箸，香饭兼苞芦。”

在各种面食点心中，常见的是馒头和馄饨。馒头在古代称为“曼头”，在《水浒传》中，孙二娘将馒头算在点心一类。可见，在古代馒头可能不是作为主食的。古人在祭祀的时候，也多用馒头。晋束皙在《饼赋》中写道：“三春之初，阴阳交际，寒气既消，温不至热，於时享宴，则曼头宜设。”

在唐代，有一种宴会称为“烧尾宴”，是专为士子登科或官员升迁而举行的。唐中宗时的尚书右仆射韦巨源，就曾举办过一次极为奢华的烧尾宴，里面光是饼类就有七八种之多，还有一种名为“二十四气馄饨”的食物，一碗馄饨中要用二十多种不同的馅料，令人叹为观止。

古人过节时吃的特殊食品

我国的饮食文化带有浓重的节日时令特征，人们在日常饮食之外，在各种各样的节日还会食用一些特殊的食物。在漫长的历史长河中，这些节日食物已形成了一些共有的特征，但不同地域、不同民族、不同朝代，仍会存在各种各样的差异，这让我们国家的节日饮食展现出丰富多彩的一面。

上元节是古代重要的节日，在唐宋时期，人们在上元节时流行制作面茧，面茧应该是一种类似包子的面食。在当时有一种风俗，通过吃面茧占卜一个人将来能做多大的官，所以这种面茧也称“探官茧”。占卜时的具体做法是：先在竹签或者木片上写上不同的官品，然后将其放在面茧的馅中，再用面团包起来，等面茧做熟后，人们吃到写着哪种官位的面茧，将来就会担任相应的官职。

这种占卜的方法当然不靠谱，但反映了当时人们对官品的重视。宋陈元靓在《岁时广记·人日》中对此有记载：“《岁时杂记》：‘人日，京都贵家造面璽（古同茧），以肉或素馅，其实厚皮馒头馂馅也。名曰探官䭔。’”

不过，如果吃面茧的人已经做了官，或者对做官没有兴趣，那么“探官茧”对其就没有多大意义。面茧作为一种重要的节日食物，自然不可能漏掉一部分人。所以，吃面茧还有另外一种玩法，即在面茧里放一种名为“探官币”的物品。

“探官币”已经不需要自己制作了，在街市上就有专门出售“探官币”的商贩。所谓“探官币”，与“探官茧”中所用的竹签大同小异，只是上面所写的内容不同。“探官币”上所写的，大多是一些名言警句，或者占卜前程的句子，类似抽签，或者干脆只是写一些吉祥话。相比于“探官茧”，“探官币”的受众面更加广泛，基本可以囊括社会各个阶层的人，所以在当时广受欢迎。

除了上元节以外，在立春的这一天，也有吃面茧的习俗，这一天的面茧称为“探春茧”。宋代诗人范成大《两头纤纤》诗之一曾写道：“两头纤纤探官茧，半白半黑鹤鼈缘。”

在上元节还有吃圆子的习俗，圆子类似今天的汤圆，但做法略有不同。汤圆一般用水煮，但古时的圆子是用绿豆汤来煮的。宋代女诗人朱淑真曾做过一首名为《圆子》的七言绝句：“轻圆绝胜鸡头肉，滑腻偏宜蟹眼汤。纵有风流无处说，已输汤饼试何郎。”诗里提到的“汤饼”即面条。

在古代，还有一种与圆子类似的食物，称为“白团”，也叫

“水团”。我们今天很难弄清二者之间的具体区别，水团是用高粱米或稻米将糖包裹其中，在水中煮熟。但水团不一定是圆形，可以捏成各种动物或植物，甚至是人的形象。“水团”是端午节的重要食品，与粽子地位相当，北宋时的官员邹浩曾写过诗句：“水团粽子恰登门，白酒持来更满樽。节物人情总堪醉，况归田里已承恩。”

说起粽子，我们都很熟悉了。不过，在宋代之前，粽子的原料比较单一，通常只有糯米、糖、枣等。到了宋代，粽子的原料大大增加，《岁时广记》中记载：“《岁时杂记》：‘端五因古人筒米而以菰叶裹黏米，名曰角黍，相遗，俗作粽。或加之以枣，或以糖。近年又加松、栗、胡桃、姜、桂、麝香之类。近代多烧艾灰淋汁煮之，其色如金。’”

古画中包粽子的情形（清·徐扬）

除了原料更加丰富以外，宋朝粽子的形状也多种多样，有锥状、筒状、秤锤状、角状等。还有一种九子粽，将九只大小不等、形状各异的粽子串在一起，大者在上，小者居下，十分好看。宋代王曾《皇后阁帖子》诗云：“争传九子粽，皇祚续千春。”

有趣的是，在明代时，福建地区在重阳节也流行吃粽子。不过，到了清代时，就改吃重阳糕了。重阳糕的卖相十分好看，五颜六色，有点类似今天的蛋糕，也称“五色九重糕”。重阳糕主要以米粉、豆粉等为原料，经过发酵后，在糕上多点缀以枣、栗、杏仁等，再加糖蒸制而成。在唐代之前，重阳糕就已经存在了，《岁时杂记》中记载：“重阳尚食糕……大率以枣为之，或加以栗，亦有用肉者。”

在明清时期，还有一种与粽子极为相近的食物，称为“不落夹”，是用苇叶包裹糯米制成，但外形与粽子不一样，类似圆柱形，长可十几厘米，宽只三四厘米。不落夹是浴佛节时的重要食物，不仅可以用来供佛，还是朝廷赏赐给文武百官时常用的食物。明末清初诗人王士禛在《香祖笔记》中曾写道：“叔祖季木考功诗云：‘慈宁宫里佛龛崇，瑶水珠灯照碧空。四月虔供不落夹，内官催办小油红。’”

在北方的游牧民族中，也有节日里的特殊食物。在辽代，九月九日这一天是重要的节日，不过与汉族不同，他们不过重阳节，这一天是契丹人拜天的节日。《燕北杂记》中记载：“辽俗，九月九日打围，赌射虎，少者为负，输重九一宴席。射罢，于地高处卓帐，饮菊花酒，出兔肝切生，以鹿舌酱拌食之。”

可见，契丹人在这一天有生吃兔肝的习俗。不过，单纯的生吃兔肝估计味道不会太好，所以要伴着鹿舌酱一起吃。实际上，不止契丹人，女真族也有生食的习俗，但也不是单纯地生吃食物，而是就着芥蒜汁或者醋一起吃，颇有些现在吃寿司的感觉。

古人的酿酒与品酒

酒在我国的历史非常久远，早在新石器时代后期，酒就已经出现了。到了夏朝时，古人就已经可以造出比较高级的酒了。此时还出现了很多与酒有关的传奇人物，比如杜康和仪狄。

在《说文解字》中记载："杜康始作秫酒。又名少康，夏朝国君，道家名人。"杜康被认为是中国酿酒的始祖，有"酒神"的称谓。古人常用"杜康"一词指代酒，三国时曹操所作《短歌行》中，就写道："何以解忧？唯有杜康。"

不过，《说文解字·卷十四·酉部》中还记载："古者仪狄作酒醪，禹尝之而美，遂疏仪狄。少康作秫酒。"仪狄也被认为是中国最早酿酒的人，还因酿造的酒太过好喝，大禹怕自己沉迷于此而荒废国政，所以逐渐疏远仪狄。

大禹在这方面无疑是十分聪明的，商朝的国君就没有意识到这一点。商纣王"酒池肉林"的故事我们都知道，有的人甚至认为商朝亡于美酒。商朝灭亡后，周朝的统治者吸取教训，曾发布过严格的禁酒令，但却收效甚微。

在《诗经》中，曾描写过周朝贵族饮酒的场面："宾之初筵，温闻其恭，其未醉止，威仪反反。曰既醉止，威仪幡幡，舍其坐迁，屡舞仙仙。其未醉止，威仪抑抑，曰醉既止，威仪怭怭。是曰既醉，不知其秩。"诗中详细描写了贵族们从开始喝酒，到逐渐喝醉时的各种举止，醉酒的人并不会受到他人的批评，当时的人们反而以喝酒不醉为耻。

那么，对古人来讲，什么样的酒才算好酒呢？

先秦时期，由于酿酒的技术有限，所以酿出的酒并不浓烈。《礼记》中记载："君子之饮酒也，受一爵而色洒如也，二爵而言言斯，礼已；三爵而油油，以退，退则坐。"所以，即便是严守礼法的君子，也是可以连饮三爵酒的。爵是古代的一种饮酒器具，其大小各异，可以大致理解为今天的杯子。一爵酒相当于现在的一杯酒，但具体是多大的杯子，就视情况而定了。

爵（商代）

那古人饮酒多少能醉呢？东周时有个叫淳于髡的人，他形容自己喝酒：若是比较正式、严肃的场合，可能只饮一二斗就醉了；若是朋友交游，可能饮到五六斗才醉；若是乡里聚会，男女一起游戏，就算饮八斗酒，也不过两三分醉意；若是聚会结束，主人单独将其留下继续饮酒，可能要喝到一石才醉。

秦汉时期，酒已经是十分普及的饮料了，帝王不仅在宫中经常宴饮群臣，达官贵人之间亦饮酒成风。曹参在担任相国的时候，每天不理政事，饮酒高歌，有人来劝谏他的时候，他就拉上对方一起饮酒，直到对方喝醉后才放其离去。在民间，酒馆酒肆亦十分普及。汉代才女卓文君与司马相如私奔后生活困顿，就曾当垆卖酒，而司马相如则与雇工一起清洗酒器。

曹参

唐代时国力强盛，造酒业十分发达，官酿和私酿都很兴盛，此时诞生了很多名酒。在官酿中，唐太宗曾造出有八种颜色的葡萄酒，唐玄宗曾造三辰酒上万车用来赏赐当朝的学士。唐代私酿的酒水准也很高，足以与官酿媲美，仅西京凤翔的柳林镇上，就有四十三家酒坊，当地出产的柳林酒极为知名，被列为贡品。

唐朝时酒的品质、色度、醇度都达到了较高的水准。在当时，好酒的颜色应该清亮透明，味道要醇香芬芳，口感要甘润细腻，大诗人白居易曾在《咏家酿十韵》一诗中，描写过当时的美酒：“瓮揭开时香酷烈，瓶封贮后味甘辛。捧疑明水从空化，饮似阳和满腹春。”

五代之后，酿酒受到严格的限制，基本被官府垄断。即便如此，酒文化依然盛行。宋代张能臣所著的《酒名记》中，记载了上百种当时的名酒。当时滑州出产的冰堂酒十分著名，宋代的很多诗人如苏轼、黄庭坚等都喜欢喝这种酒。黄庭坚甚至曾作过一首名为《清平乐·冰堂酒好》的词："冰堂酒好。只恨银杯小。新作金荷工献巧。图要连台拗倒。采莲一曲清歌。争檀催卷金荷。醉里香飘睡鸭，更惊罗袜凌波。"在南宋诗人陆游所著的《老学庵笔记》中，将冰堂酒列为天下第一。

明清时期，酿酒的技术更加进步，出现了不同原料酿造的酒。明代的地方酒十分著名，可以说是遍地开花，如京师的黄米酒、高邮的五加皮酒、徽州的白酒、关中的葡萄酒、扬州的雪酒等，还有很多来自域外的名酒，如鞑靼的马奶酒、占城的椰子酒、缅甸的树头酒等。

明代人喜欢口味比较清淡的酒，据谢肇淛所著的《五杂俎》中记载，明代的酒"以淡为上，苦冽次之，甘者最下"。比较著名的有易州酒和三白酒，口味都比较淡，三白酒是用白米、白面、白水酿造而成，因此称为"三白"。在三白酒中，又以吴兴出产的三白酒最佳，因为吴兴的泉水品质好，"泉冽则酒香"。

清代的饮酒风气一如明朝，不过产生了一些变化，一部分烈性酒也开始受欢迎，比如用高粱酿制的"高粱烧"，是北方人常喝的酒。沧州酒在清代十分著名，甚至还出现了一些酿酒世家。他们酿酒的水采自卫河的南川楼下，在取水时，用锡灌沉入河底，将刚涌出的泉水取出，这种水酿出的酒味道极美。

好的酒除了酿造过程极为讲究外，搬运和储藏也极为重要，有些新酒酿造出来后，不能立即引用，必须贮藏十年以上，才可称为上品。在酒的搬运过程中不能摇动，否则酒的味道就会受到影响，搬运过的酒必须沉淀半个月以上，才可饮用。

总的来说，对美酒的品评，不同朝代有不同的标准。在上层社会，口味清淡的酒一直比较受欢迎；而在下层社会，人们可能更愿意喝一些比较烈的酒。

古人在酒桌上玩什么游戏

我们的祖先在几千年前就已经开始饮酒了，饮酒的时候干喝自然没什么意思，所以古人在饮酒的时候，还会进行各种各样的娱乐活动。先秦喝酒时最常见的娱乐就是乐舞。酒在那时还是比较奢侈的物品，同样，乐舞也是贵族才能拥有的奢侈享受。

那时的贵族在饮酒时不只是单纯地欣赏乐舞，喝多了之后，还会自己下场跳舞。《诗经》中就记载过很多贵族宴饮时的乐舞场面，比如小雅中的《宾之初筵》就描写道："……宾之初筵，温闻其恭……舍其坐迁，屡舞仙仙……是曰既醉，不知其秩。宾既醉止，载号载呶，乱我笾豆，屡舞僛僛。是曰既醉，不知其邮，侧弁其俄，屡舞傞傞……"

可以看出，当时的人们在一开始喝酒的时候，还能保持基本的礼仪，但喝多了之后，就开始放浪形骸，甚至离开自己的座位屡次狂舞，连饮食的器具都被弄翻了，几乎是在耍酒疯了。在汉代的时候，这种现象依然存在。汉建国之初，刘邦宴饮群臣，结果这些臣子在宴席上争功，甚至拔剑相斗，直到叔孙通制定礼仪之后，这种现象才消失，刘邦才终于享受到做皇帝的尊贵。众所周知，刘邦早期是瞧不起儒生的，自此之后，才对儒士刮目相看。

到了隋唐时期，社会上饮酒成风，在饮酒的时候赋诗，是文人间的雅事。在唐代，最能代表这种诗酒文化的人物，应属“诗仙”李白。据说李白的很多诗篇都是喝醉的时候写的，其中最具代表性的就是《将进酒》。该诗磅礴大气，豪放不羁，其中的很多句子都已成为千古名句，如“人生得意须尽欢”“天生我材必有用”等。

关于李白醉酒赋诗，还有一个非常有名的故事。《全唐诗》中记载，唐代皇宫中养了很多芍药花，一次，唐玄宗和杨贵妃在宫中喝酒赏花，命李龟年唱歌助兴，但唐玄宗不想听以前的曲子，于是派人将李白召来，命他做《清平调》三首。当时李白正宿醉，据说是被水泼醒的。李白醒后提笔就写好了三首诗，这三首诗表面上咏花，实际借花喻人，赞美杨贵妃。杨贵妃听了以后非常喜欢，现摘录其中一首，读者可以体会一下：“云想衣裳花想容，春风拂槛露华浓。若非群玉山头见，会向瑶台月下逢。”

在唐代的传奇小说《集异记》中，还记载了一个有趣的故事：

一次，唐代的三位诗人王之涣、高适和王昌龄一起到酒肆饮酒，他们的诗作在当时极为知名。席间，三人叫来伶官唱曲助兴，三人以被伶官演唱诗篇数量的多少来决定胜负。结果，伶官唱了三首王昌龄的诗，高适和王之涣的诗各一首，王昌龄获胜，三人于是大笑。伶官不知其故，问了酒保以后才知道，原来所唱诗歌的作者就在眼前。

从汉魏时期开始，在酒桌上就有两种很著名的游戏，即“拇战”和“行令”。拇战即今天的划拳，这种酒桌游戏一直流传至今。

拇战也称“打令”，在下层社会中更为流行。在《红楼梦》中，贾府的贾芹在水月庵中与女尼和女道士饮酒时，曾提议行酒令，但庵中的小沙弥不会，提议改为划拳，被女尼阻止，说吵吵嚷嚷的不像样子。可见，在喝酒时划拳是有些不太雅观的。

相比于拇战，行酒令则要文雅得多。不过，酒令也有雅俗之分。属于雅令的包括诗令、字令、四书令、诗牌令等；属于俗令的有绕口令、骰子令、谜语令、牙牌令、花枝令等。

雅令与其说是酒桌游戏，不如说是一种文学创作。比如诗令就有严格的格式和韵律限制，而且作诗时还有时间限制，超时或者不合韵律都要受到惩罚。这其实与科举中的诗赋考试已经很相似了，一般是文人士子喜欢的酒桌游戏。

雅令中比较常见的还有“字令”，一般是用字的结构变化进行组合，再配上一些诗文。在《七修类稿》中记载，陈询左迁时，同僚陈循和高谷为他送行，在酒席上，三人就曾行字令。陈循说：“轰字三个车，余斗字成斜。车车车，远上寒山石径斜。”学士高谷接着说："品字三个口，水西字成酒。口口口，劝君更进一杯酒。"

比起雅令，俗令的适用范围更广，适合社会各个阶层，比较常见的是骰子令和花枝令。唐代皇甫松《醉乡日月·骰子令》中写道："大凡初筵皆先用骰子，盖欲微酣然后迤逦入令。"花枝令的玩法与今天的击鼓传花类似，在咚咚的鼓乐声中，花枝或者彩球在人们手中传递，鼓乐停止的时候，传到谁的手中，谁就要喝酒。

古人酒桌上还有一种常见的游戏，叫"射覆"，其中"射"是猜的意思；"覆"就是覆盖。其玩法是用碗或其他器具覆盖住某一物品，让他人去猜。射覆中用来猜的物品一般都是生活中的常见之物，或者是可以随身携带的物品，一般不会出现太冷门的东西。

《红楼梦》中的射覆

在《红楼梦》中，贾宝玉过生日时，众人就曾玩过射覆的游戏。不过，他们玩的已经不只是简单的猜物的游戏，而是由对方说出一个字，另外一个人去猜相关的典故，算是射覆的一种花样玩法，难度非常高。

总的来说，饮酒的主要目的还在于取乐，所以在酒桌上玩一些游戏以增加乐趣是再自然不过的事。这也是一种文化，而且是一种健康的文化，比起单纯地牛饮要强太多了。在今天，“酒桌文化”这个词已经变了样，多含贬义，古人的那种雅俗共赏、寓教于乐的酒桌文化，才是真正值得我们学习的。

古人的时尚发型有哪些

换个发型就能换种心情，对于现代人来说，休息时间找一位技艺高超的理发师，为自己设计一款潮流发型，许多不必要的烦恼也会随之一扫而空。

如此来看，还是现代人过得更潇洒自在一些。古代人可选择的发型可没有现代人多，即使是夏天，也不能剃个寸头凉快凉快。

中国古代确实一直都有留长发的传统，不好打理的问题也的确存在，但如果说古人没有潮流发型可以选择，那就纯属无稽之谈了。

古人对自己的头发是非常重视的，孔子有言“身体发肤受之父母”，正因如此，古人才十分爱惜自己的头发，有些时候，甚至将头发看得如自己的脑袋一般重要。

三国时期，曹操领军路过麦田，对众将士说道：“你们走的时候小心点，不要把麦子压坏了，有违背我命令的就砍掉脑袋。”于是士兵们纷纷下马，小心翼翼地在麦田间行走。但没想到的是，曹操本人的马却忽然闯入麦田。

面对十分尴尬的场面，随行主簿告诉曹操，“《春秋》典故说过，尊者犯法不必受罚”。意思是说，您是身份尊贵的人，您可以不受命令的约束。听了主簿的话，曹操却答道：“我发布命令却自己违反，怎么还有脸面领导大众？”于是，他执剑自行割下一绺头发，以示割去头颅。从曹操“割发代首”的故事中，便可以看出古人对头发的重视。

元朝以前，中国人几乎都是长发，基本不进行修剪，因此才有桓帝皇后那种垂地长发。元朝建立后，对头发的要求倒不是很严格，汉人可以继续留长发。后来，朱元璋推翻了元朝统治，重新建立了汉人国家。重新掌握自己命运的汉人，多少恢复了唐宋时期的制度和习俗。

明朝儿童的发型可以说是最百变，也最不受拘束的。在十五岁之前，明朝儿童无论是男孩，还是女孩，都会剃各种各样的发型。

儿童时期，大多数男孩会束发两结，其形制相当于现代的两个丸子头，古人称其为“总角”；有的男孩会在头顶留一处发髻，脑后散发或扎辫，取“独占鳌头”之意；有的男孩会在脑袋两旁留刘海，而在头顶留一处冲天辫，取“一飞冲天”之意。

等到男孩成年行冠礼时，则要把头发束为发髻，再用网巾固定。在这一点上，明朝的平民和贵族一样，只是在网巾材质上有所不同。这里说到的“网巾”是明朝男子束发常用的装饰，类似一个软的网兜，是男子成年行冠礼的必备物件。

关于网巾的普及，《七修类稿》记载了一个与大明开国皇帝朱元璋有关的故事。一次，朱元璋微服到民间游历，看到一位道士正在灯下编制网巾，心生好奇，询问此为何物。

道士不紧不慢地答道："网巾，用以裹头，则万发俱齐。"

听了道士的回答，朱元璋陷入沉思，"万发俱齐"不就是"万法俱齐"吗？这网巾还有"法束中原，四方平定"的寓意，不正代表着大明江山一统、百姓安居乐业吗？回宫之后，朱元璋便将道士招入宫中，开始在全国范围内推广这种网巾。由于这种缘故，明朝男子的网巾又被称为"四方平定巾"。

男子靠网巾来束发，女子做妆发造型又是靠什么呢？明朝女子在年幼时期与男子相同，也有多种可以选择的发型。等到女孩成年时，要行及笄礼，需要将头发盘起束成发髻。

相比于宋朝，明朝的社会风气趋于保守，女子的妆发风格也从开放大气转向精致保守。虽是精致保守的风格，但明朝女子的发髻造型却并不少，不同时代、不同地域都会有所不同。

比如，明初苏州地区经济发达，"牡丹头"因为典雅庄重，曾经盛行一时。这种发型要求女子将发髻束得很高，甚至能达到二十厘米的高度，发髻则用假发作为垫衬。因为整个发髻造型较大，梳这种发髻的女子，想要摇头晃脑是十分困难的，有时甚至连简单的低头、抬头动作，也只能慢慢来做。

明穆宗时，女子的发髻不再过分追求高度，而向圆扁方向发展。“挑心髻”是这一时期较为流行的发髻。女子需要将头发梳成扁圆形状，并在发髻的顶部用宝石制成的花朵进行装饰。

明代发型（唐寅《王蜀宫妓图》）

明朝中后期时，戴假髻也开始成为一种时尚。假髻早在汉、晋时期就已经出现，但到了明朝时才开始流行起来。假髻是一种用假发制作的首饰，戴在头上与真发髻并没什么区别，很多想要梳高髻却没多少头发的女子，常会选择用假髻来进行装饰。

明朝文人张弼在《假髻篇》中描绘过女子日常束发的景象：“东家女儿发委地，日日高楼理高髻。西家女儿发垂肩，买妆假髻亦峨然。”可以看出，当时的女子还是偏爱高髻的，只不过头发只能到肩膀的女子，常需要用假髻作为装饰。

除了以假髻装饰头发，爱美的明朝女性还经常用各种饰物装饰自己的发髻。明朝的后妃们很喜欢用天然花与自制彩花作为装饰物戴在头上。崇祯皇帝的皇后就喜欢在清晨将茉莉花摘下，再将其制成发簪佩戴；袁贵妃则会经常自行剪花佩戴；与袁贵妃相处不错的田贵妃更是将鲜花佩饰玩出了花样，她所戴的新式花饰常能博得皇帝喜爱。

没有后妃们的条件，一些女眷会将叶片作为装饰别于发髻上。到了春天，还有侍女会将蝴蝶捉来戴在头上。久而久之，这种风气逐渐传播到民间，普通人家的女子也开始戴花。

为了进一步为发髻增加美感，有的女子还会在发髻上戴满各式各样的金银玉坠，一些有条件的女子还会在出门时聘请插戴婆来为自己梳妆打扮。

这种别金戴银的梳妆方式虽然可以增加发髻的美丽程度，但也有一个很明显的缺点，那就是在参加宴席时没法上轿，到达宴席会场后也要随时让随从注意自己头上的首饰是否完整。

清朝的格格能穿汉服吗

《延禧攻略》的大火让魏璎珞这个女子成为宫廷剧中可以与甄嬛娘娘相抗衡的存在，许多人在对比两人的形象气质时，也会对她们在剧中的穿着打扮点评一番。细心的观众会发现，魏璎珞在还没入宫之前穿的是一身汉服，她不是满族人家的女子吗，怎么会穿着汉服呢？这难道没有问题吗？

如果严格地从真实历史的角度来讲，魏璎珞穿汉服这种设定是绝对有问题的，因为在乾隆皇帝主政时期，清朝的格格是不能穿汉服的。

要详细了解这一问题，还需要全面了解一下清代宫廷女性的服饰制度。从服装类型上来讲，清代贵族女性的服装类型并不多，公服、礼服、常服是较为常见的几类服装。

清代女子的公服是皇宫中上到皇太后，下到七品命妇都有的官方服装，《大清会典》和《大清通礼》对于这些服装的具体形制和配套的各种珠宝饰物都有准确记载。

这种公服主要由朝冠、朝褂、端罩、朝裙、朝珠、朝靴、朝带、领约、金约、彩帨、耳饰等部分组成。在颜色选择上，根据各自身份地位的不同，又有明黄、金黄、石青等色。

清代女性的朝冠极为华丽，佩戴的季节不同，材质也不一样，冬用薰貂，夏用青绒。其上多装饰有珍珠、金凤、宝石、珊瑚等饰物，其中太皇太后、皇太后、皇后朝冠上的珍珠竟多达数百颗，其奢华程度可见一斑。

另外，与现代人自由选择服装样式不同，清代贵族女子的公服与身份地位严格挂钩，穿着不合身份的公服是会遭到严厉处罚的。

清代女子的礼服有吉服和丧服两种，这两种服饰也与女子的身份相挂钩。比如皇太后、皇后、皇贵妃和贵妃的吉服冠采用熏貂并缀朱纬；而皇子福晋、亲王福晋的吉服冠则用熏貂，顶用红宝石。

相比于前两种服饰，常服的形式就要自由多了，女子们可以不受品级限制，随意选择自己喜欢的日常用衣。只不过像是奴仆、优伶之类地位较低的人，在选择常用服装时不能选用绫、罗、丝、绢等高档衣料，也不能选择用珠翠宝石来作为装饰。

如此来看，清代女子也只有在选择常服时，才可以自由发挥创造力，来选择自己喜欢的样式了。那魏瓔珞所穿的衣服是不是仿效了汉族女子的样式，来自己设计的呢？这种可能性倒是有，但却比较小。

在乾隆和嘉庆主政时期，确实有一些满族女子仿效汉服，改良过自己的常服。但这一举动引起了乾隆和嘉庆的震怒，两位皇帝都曾下令严查此种情况，违者治罪。由此来看，魏璎珞平常所穿的一定是满服，而不是汉服。

清代女子服饰仿效汉人服饰这一问题，清朝历代统治者都是严加禁止的。其实在清朝中后期时，满人服饰的风格已经开始朝着汉服的方向发展了。比如，最初的马蹄袖袖口只有十八厘米左右，正好用其盖住手背，方便行礼和保暖；但到了后期，马蹄袖的袖口竟然扩大到了五十厘米左右，已经跟汉人服饰的宽袍大袖相差无几了。

对于这一问题，道光皇帝曾连发谕旨，要求严查：

我朝服饰本有定制，不惟爱惜物力，亦取便于作事。若如近来旗人妇女，往往衣袖宽大，甚至一事不可为，而其费亦数倍于前，总由竞尚奢靡所致，至仿工汉人缠足，尤属违例。

朕因近来旗人妇女不遵定制，衣袖宽大竟如汉人装饰，上年曾经特降谕旨，令八旗都统、副都统等严饬该管按户晓喻，随时详查。如有衣袖宽大及如汉人缠足者，将家长指名参奏，照违制例治罪。

从这两条谕旨可以看出，道光皇帝对于满人服饰衣袖宽大如汉服这一问题，是非常反对的。一方面是因为这种服饰风格会造成金钱的浪费，另一方面则是因为这种服饰风格违反了旗人定制，所以必须要严格查处、严厉治罪。

乾隆三十七年（1772 年）十月，高宗纯皇帝在审阅三通馆进呈所纂《嘉礼考》后曾训谕：“夫万物本乎天，人本乎祖，推原其义，实天远而祖近，设使轻言改服，即已先忘祖宗，将何以上祀天地？”

从这道训谕可以看出，乾隆皇帝是非常重视“祖宗之法”的。《延禧攻略》的故事发生在清乾隆年间，而乾隆皇帝又是这样一位帝王，如果他看到魏璎珞穿着汉人服装入宫，那故事的结局可就不会像电视剧那样皆大欢喜了。

古人穿内衣内裤吗

很多人都好奇：古代人是否穿内衣内裤？答案是：穿是肯定穿的，但具体还要看哪一个朝代。早在新石器时代晚期，就已经出现丝织品了。古代的上装和下装是分开的，《毛传》中说："上曰衣，下曰裳。"其中的"裳"指的是裙子，古人无论男女，下装都流行穿裙子。

在古代，内衣出现的时间要比内裤早得多。在夏商周时期，就已经存在内衣了，但此时的内衣，其实就是穿在里面的衣服，与今天内衣的概念还有所区别。古人穿的衣服由内到外，可以分为内衣、中衣、外衣等。在三星堆出土的青铜人像中，就有身着内衣的人物形象。其领口是鸡心式的，袖子长度可到手腕，在袖口处还有装饰。

古时女子的内衣称为"亵衣"，其出现的具体时间难以确定，不过在春秋时期，就已经有了相关的记载了。《礼记·檀弓下》中记载："季康子之母死，陈亵衣。敬姜曰：'妇人不饰，不敢见舅姑。将有四方之宾来，亵衣何为陈于斯？'命彻之。"在这个记载中，齐国的才女敬姜认为女性的亵衣不应该让外人看见。

女性的内衣在后来有诸多发展，出现了抱腹、抹胸、肚兜、诃子等物。

“抱腹”在汉魏之际比较流行，其实就是用带子系在腹部的一件布帕，主要作用就是遮挡腹部，身着抱腹时，背部是裸露的。

“诃子”是唐代女性的衣物，是将裙子束到胸部，再在腰上系一条带子。身着诃子时，上胸和后背是完全露出的，在外面再罩上一层纱衣。由于唐代的社会风气比较开放，所以诃子是古代比较少见的可以露在外面的女性内衣。

宋代女性内衣为抹胸，“上可覆乳，下可遮肚”。到了明清时，肚兜则成了女性的主要内衣。不过，肚兜的穿着并不仅限于女性，孩童穿肚兜也是普遍的现象。有些成年男子也会穿肚兜。在《红楼梦》中，薛宝钗就曾为贾宝玉绣肚兜。

相比于女性，古代男性的内衣种类比较少，无非是中衣、汗衫、褙子、衬衫等，后三者其实就是中衣的几种形式而已。关于汗衫的起源，据《事物纪原》中记载：“汉高祖与项羽战，汗透中单，遂有汗衫之名。”但这种说法应该不靠谱，早期汗衫与中衣之间的界限很难区分。褙子是宋代流行的主要服饰之一，无论男女均可穿着，而且既可当内衣穿，也可穿在外面。

值得一提的是，在古时还有一种贴身穿的睡衣，称为“寝衣”。寝衣一般为贵族使用。春秋时的寝衣非常宽大，长可以达到人身体的一倍半以上，而且这种寝衣还有冬夏之分。

在夏商周的时候，裤子还没有出现，人们下半身穿的就是“裳”，在一些古书中“裳”也写作“常”。在没有裤子的情况下，在冬季时下身只穿裳是比较冷的，所以古人常在冬季时用布缠绕在腿上，用来御寒，与后来的“裹腿”有些类似。这时候自然也不会有内裤。

在春秋战国时期，裤子已经出现了。不过，这时的裤子只有两个裤腿，中间并不相连。称为“胫衣”，穿着胫衣的时候，外面还会穿上宽大的深衣。从战国时期开始，裤子中间逐渐有连成一体的趋势，但此时裤子的穿着似乎还不算普遍。人们在行动时还是比较小心，因为一个不慎，就有可能走光。

孔子认为，服装与人的行为之间可以互相影响，人们穿什么样的服装，就会做相应的事情。这种观点在今天仍有一定道理，比如穿着西装去打篮球就不合适。同样，穿着运动装去开会也不合适。孔子还认为，在服装上可以入乡随俗，但仍需符合一定的礼仪。

汉代时，裤子的穿着更加普及。此时，似乎已经有了内裤，其中有一种称为“犊鼻裤”的衣服，外形与今天的内裤类似。有人说犊鼻裤即内裤，这种说法似乎不太准确。犊鼻裤是一种短裤无疑，但不一定被用来做内裤。《史记·司马相如列传》中曾记载，司马相如穿着犊鼻裤与用人一起在市中工作。可见，犊鼻裤是可以在外面穿着的，只不过这是下层人物的打扮而已。

到了隋唐时期，裤子的种类已经比较多了，这得益于南北朝时期的民族大融合及唐朝社会风气的开放。古代的裤也称为“袴”，形制上有单裤、短裤、副裤之分。古时还有一种称为“裈”的衣服，可以理解成古代的内裤，前面提到的犊鼻裤可能也是裈的一种。清代郝懿行在《证俗文》中写道：“古人皆先著裈而后施于外”。可见，裈的穿法已经与今天的内裤基本相同了。

在《水浒传》中，有多处关于裈的描写，在高俅攻打梁山时，梁山水军中的李俊、张顺等人穿的就是水裈。从当时的情形看，可能是由于水战的需要，这些人穿着内裤潜水，所以才有梁山上的众人凿沉高俅的战船的战绩。

不过，裈似乎也可以外穿，在宋代的《百马图卷》中，就曾出现过将裈穿在外面的人物形象。不过，这种短裤穿在外面终究不雅，一般是下层人的装束。

古人的服装演变呈现出胡汉融合的特点，赵武灵王的胡服骑射、北魏孝文帝的汉化改革等，都对古代服装的变化起了巨大的推动作用。裤子的流行受益于胡服的影响，随着胡汉的逐渐融合，古人的服饰也呈现出百花齐放的风格，内衣内裤的风格转变也只是其中的冰山一角而已。

第二章

古人的居住与出行

不同朝代的百姓住什么样的房子

在原始社会早期，人们还不懂得建造房屋，巢居和穴居是人们的主要居住方式，到了新石器时代，人们已经学会建房子了。夏商周三代，人们已经普遍住进房子中了。

夏商周时期，普通百姓的房屋还有很多是半地穴式。在河南郑州曾发现过四十多处半地穴式的商代房屋。早期的半地穴式房屋与地面的落差比较高，一般低于地面一米半到两米左右，到了后来才开始降低，距地面大约半米或一米左右。

此时房屋的构造比较简单，房屋里一般设有火堂，有的房子里还有短墙和小的窗户，在墙壁上还会挖出一些方形或圆形的孔洞，用来放置物品。房屋的地面基本都是用土夯筑的，有的房子的夯土会用火煅烧以防潮湿。

当然，还有一些直接在平地上建起的房屋。在偃师的二里头遗址中，就曾发现过平地起建的房屋，二里头遗址的时间跨度很长，但基本以夏商时期为主。此时，建造房屋的方法主要是版筑法。这种建筑方法与今天用模板浇筑剪力墙的方法颇为相似，即先用四块模板围成一个长方形固定好，然后将建筑材料灌注其中，再夯实既可。当时的建筑材料是土，所以当时的房屋也好，墙也好，都是土制的。商朝时曾辅佐殷高宗开创“武丁中兴”的名臣傅说，就是版筑工人出身。

从秦汉、魏晋一直到南北朝时期，版筑法都是普通民居的主要建造方法。在南北朝时，砖的使用开始普及，但用砖造房仍属奢侈之举，普通百姓一般是负担不起的。此时百姓的住房仍是土房草顶，用木头做梁或者柱。

到了隋唐时期，制造砖瓦的技术已经非常成熟了，百姓的居住环境大为改善。在当时已经出现了很多大型的城市，隋朝和唐初的时候都崇尚节俭，所以城市中百姓的住宅和达官贵人其实没有太大区别，只是规模不同而已。

隋代对民居的规模没什么明确的规定和限制；唐代时对城中居民的住宅有比较严格的要求，居民的住宅必须整齐地排列在坊街和里巷的两侧，宅院的大门不能开在坊外的大街上，要开在坊内的街巷一侧。唐代时房屋的排列有点像今天城市中的居民小区，整齐划一，各个部分功能清晰。

唐初风俗简朴，民居和官员居所没有太大区别，很多官员的住所甚至十分简陋，比如唐初著名政治家魏徵，他的房子连正堂都没有，唐太宗来看望他时才发现，于是命人将宫中准备造一座小殿的材料送来，让他造了一座正堂。曾经抗击匈奴的名将李靖，其房屋在后来被玄宗时的杨国忠改为马厩，估计其住宅也是比较简陋的。

即便如此，唐代大城市的房子也是比较昂贵的，普通人想要置办一所住宅，还是很困难的。大诗人白居易初到长安时，诗人顾况就曾调侃过他，说：“长安的东西很贵，在这里居住很不容易。”但看了白居易写的《赋得古原草送别》一诗后，惊叹道：“能写出这样的诗，住在这里应该很容易了。”

不过，顾况还是看走眼了。白居易在长安为官二十年，因官位微小，俸禄很低，仍买不起房子。他在《卜居》一诗中曾写道：“游宦京都二十春，贫中无处可安贫。长羡蜗牛犹有舍，不如硕鼠解藏身。且求容立锥头地，免似漂流木偶人。但道吾庐心便足，敢辞湫隘与嚣尘。”白居易在诗中感叹，蜗牛尚且有自己的居所，老鼠还有藏身之处，自己却居无定所！

不过，像白居易这种情况已经算好的了，大诗人韩愈在京城三十年之后才买得起住宅，他在《示儿》一诗中写道：“始我来京师，止携一束书。辛勤三十年，以有此屋庐。”

在唐代乡村，砖瓦房依然是比较奢侈的住所，草房窑洞在民居中处处可见。诗人贾岛一生穷困潦倒，只能住在家乡的草庐里。唐代最著名的草庐，要数诗人杜甫在成都浣花溪附近营建的草堂。他在《茅屋为秋风所破歌》一诗中，就描写了自己的茅屋被秋风所破，屋子漏雨的情景。

到了宋代，朝廷对私人住所的要求更加严格，首先是称呼上的区别，《宋史》中记载：“执政、亲王曰府，余官曰宅，庶民曰家。”还规定：“凡民庶家，不得施重栱（立柱和横梁之间成弓形的承重结构）、藻井（室内顶棚的独特装饰部分）及五色文采为饰，仍不得四铺飞檐。庶人舍屋，许五架，门一间两厦而已。”

不过，宋代房屋逾制的情况经常出现。当然，想要逾制，也要有相应的实力才行。宋代时，瓦房仍是富人的专利，普通百姓仍然只能垒土为墙，条件稍微好一点的人家，房顶可以在竹子上覆盖一些瓦片，而普通人家则只能在房顶铺些茅草。这种草房有很大的安全隐患，最常见的就是火灾。茅草顶的房子一旦着火，火势蔓延极快，对居民的生命安全有很大危害。

明清时的民居基本以砖木为主，北京的四合院是这一时期民居的典型代表。不过，这仍是家庭条件比较好的百姓住所，贫民只能住在大杂院里。

不论哪个朝代，古人建造住房都讲究因地制宜。在西北地区，很多人还是住在窑洞中。在南方，还有很多人住在竹楼中，唐代诗人刘禹锡在《采菱行》一诗中曾写道：“家家竹楼临广陌，下有连樯多估客。”

古代的自来水、下水道

水是生命之源，古人在建立城邦时，首先考虑的就是饮水的问题，《管子》中说：“凡立国都，非于大山之下，必于广川之上。高毋近旱，而水用足；下毋近水，而沟防省。”城市建立之后，如何让全城的人都能方便地获得水资源，既要充分地利用自然环境，也要发挥人力作用，所以《管子》又说，“乡山左右，经水若泽。内为落渠之写，因大川而注焉”，“地高则沟之，下则堤之”。

在中国的古代都城中，依渭水而建的长安城号称“十三朝之都”，古诗中有云：“秋风生渭水，落叶满长安。”实际上，长安城周围的水系，远不止一条渭水，在长安城的周围，共有八条河流：东有灞河、浐河；西有沣河、涝河；南有滈河、潏河；北有渭河、泾河。统称为“八水绕长安”。正因为这些丰富水资源的存在，才造就了关中肥沃的土壤。

在这片土地上，集中了周代的镐京、秦代的咸阳城、汉代的长安、隋唐时期的长安城，以及今天的西安市，他们各自所处的位置不尽相同，但相距不远。千百年来，围绕这八条水路，人们不断开拓新的河渠，为附近的人提供充足的水源，并且开通了四通八达的水运网络。

那么，古人在选择水源时有什么标准呢？基本有三点要求：源清、品活、质轻。水源的选择是重中之重，江河里的水虽然数量庞大，但有鱼鳖之腥、泥泞之污。如果要选择江河中的水，应该尽量选择上游地区、周围植被覆盖良好的水源。

品活和质清都是对水质的要求。水质应自然清洁，古语中云："泉不活者，食之有害。"流动的泉水是水中的极品。古人曾对天下的水做过品鉴，不同时代，其结果略有差异，比较著名的有苏州虎丘寺的石泉水、扬子江的南泠水、江西庐山的谷帘水等。

最后一点，所谓"质轻"，用现代的话说就是软水，指的是不含或含较少可溶性钙、镁化合物的水。

古代城市取水时，一般会开凿沟渠，引水入城，并在城中开凿水井，供人饮用。还有一部分人会去河边挑水。古时甚至还有以卖水为生的职业，水的价格很便宜，一担水不过几文钱而已。《梦粱录》中记载，当时临安"供人家食用水者，各有主顾供之"。

除了以上所述的几种方法外，古人还有一种很聪明的饮水方法，有点类似今天的自来水。古时没有今天这样发达的管道系统，但古人找到了功能相近的替代物，这种替代物就是竹子。古人用竹筒将河流中的水引入城中，供人使用。杜甫曾有诗云："月峡瞿塘云作顶，乱石峥嵘俗无井。云安酤水奴仆悲，鱼复移居心力省。白帝城西万竹蟠，接筒引水喉不干。人生留滞生理难，斗水何直百忧宽。”

当然，这种取水方法成本比较高，又受地形的限制，在古时还难以大规模地推广使用。

除了引水外，排水也是一个城市的重要功能。法国作家雨果曾经说过“下水道是一个城市的良心”。中国的古人很早就注意到了这一点，《淘渠记》中曾说道：“邑之有沟渠，犹人之有脉络也，一缕不通，举身皆病。”

我国的排水系统，可以追溯到几千年前的夏商时期。在河南偃师的二里头遗址中，在一座宫殿的东廊下面，曾发现过陶制的排水管道。在商代晚期的殷墟宫殿中，也发现了类似的陶质排水管，管道的直径可达二十一厘米。不仅如此，古人对管道之间的连接技术掌握得也比较成熟，还出现了三通的陶质连接头。这些管道与今天的自来水系统相比，也只差一个能开关的水龙头了。

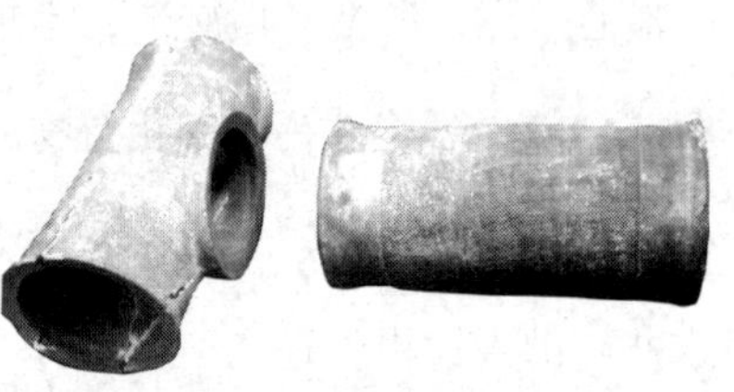

古代陶制排水管

在古代的城市排水系统中，起主要作用的是城壕和明渠。城壕即护城河，明渠即排水沟。在汉代的长安城中，每条大街上都有两条宽约九十厘米的排水沟。并且，城中还有很多陶质管道，还有专门用来排水的地下涵洞，在城内路边还有很多渗水井，这些设施结合在一起，可迅速排掉城内雨水。

历代的统治者对城市的供水和排水都极为重视，朝廷中设有专门的官员负责管理此事，有时皇帝甚至会亲自过问或批示相关的事项。据顾炎武《历代宅京记》中记载，唐玄宗李隆基就曾下旨“修理两都街市、沟渠、道桥”。所谓“两都”，指的是西京长安和东都洛阳。

汉长安城和唐长安城在后来都毁于战火，但城市管理中的经验及技术却流传了下来。后来宋代都城汴梁，元、明、清三代的都城北京，都对前代的排水系统有所借鉴。北京城中，建于明清时期的部分排水系统在今天仍发挥着重要作用。

古代女人是如何化妆的

爱美是女人的天性。梳妆打扮的目的，在于将自身的美表现出来。古代女子十分注重自己的妆容，而说到妆容，首先是要有一个好的发型。

在古代，有一头乌黑的长发是很重要的事。古时以头发闻名的女子中，最著名的应属南朝陈后主的妃子张丽华。据《南史》中记载，张丽华的头发可达一百六十厘米长，乌黑亮丽，甚至可以像镜子一样照人。南朝时一尺的长度大致相当于现在的二十五厘米左右，张丽华的头发长七尺，应该相当于现在的一米八左右，实在令人惊讶。

古时未婚的女子多梳鬟，已婚女子则梳髻。所谓“鬟”，就是将头发挽结成中空的环形。《说文》中郑珍注：“谓盘鬟如环。”而说到“髻”就比较复杂了，概括地说就是把头发挽结在头顶。不过，女子发髻的形状千变万化，不同的时代有不同的风格，依形状不同可分为高髻、低髻、单髻、双髻等，常见的有朝云髻、堕马髻、同心髻、飞髻、望仙髻……

从魏晋时期开始，女性还流行戴假发。唐代时也流行戴假髻，也称“义髻”。据说杨贵妃就喜欢戴假髻，穿黄色衣裙。天宝末年有童谣唱道：“义髻抛河里，黄裙逐水流。”有趣的是，在北宋时禁止女性戴假髻，女性也不可以梳高髻、戴高冠。宋仁宗时曾下令，妇人所戴的冠不能高过十三厘米，宽不得超过三十三厘米，甚至梳头用的梳子长度也不可以超过十三厘米。如果发现违反禁令的行为，可以向官府举报。

唐代发型（周昉《簪花仕女图》局部）

不过，北宋灭亡后，这道禁令也就作废了。南宋时，妇女梳高髻是很普遍的现象。在湖北秭归的一些乡村，女性的发髻甚至可达两尺高。还有一个相关的小知识：宋代的女性出门时是要带盖头的，所谓“盖头”，其实就是一种头巾。这种盖头将女性的面部包裹得很严实，外人根本看不清其长相。

朱熹在《朱子语类》中记载了这样一个故事：北宋时的诗人李沆初到京师时，沉默寡言，很少出门交际。一天，有人坐轿子来拜访他，下轿的是一个妇人，用盖头遮着脸，看不清长相，但仪容风度却很美。妇人进入李沆房内交谈，许久后才出门。众人大感讶异，向李沆询问情况。起初，李沆模棱两可地答道：“也就是说我的前程之类的，不足以相信！”众人一再追问之下，李沆才说：“你们曾见过她的脸吗？满脸都是眼睛。”

除发式外，女性妆容中最重要的部分还有画眉。古代女性很早就开始练习画眉，李商隐的《无题》诗中曾写道：“八岁偷照镜，长眉已能画。”在古代，不同时期的审美也不尽相同，有时流行比较粗的眉毛，比如唐初流行的“广眉”。唐代诗人张籍在《倡女词》一诗中就写道：“轻鬓丛梳阔扫眉，为嫌风日下楼稀。画罗金缕难相称，故著寻常淡薄衣。”

到了唐代后期，又流行淡而细的长眉，李商隐写给妻子的《无题》诗中就写道：“锦长书郑重，眉细恨分明。”这种审美的转变值得思考。唐初时国力强盛，八方来朝，唐文化兼容并包，磅礴大气，风格浓墨重彩；安史之乱后，唐朝国力衰弱，社会上的审美也为之一变，转向小家碧玉，轻柔婉约。这一点，在唐诗前后风格的转变中，也可以体现出来。

除以上所述两种画眉风格外，还有一种我们更熟悉的眉妆，即蛾眉。蛾眉介于又浓又粗的广眉与淡而细的长眉之间，比较中性。古诗中关于蛾眉的描写非常多，唐代张祜的《集灵台二首》组诗中，曾写道：“虢国夫人承主恩，平明骑马入宫门。却嫌脂粉污颜色，淡扫蛾眉朝至尊。”这首诗写的是虢国夫人去见玄宗时的情景，可以看出蛾眉是一种比较淡的妆容。宋乐史《杨太真外传》中也提到过，虢国夫人不喜欢化妆，自诩美貌，经常素颜去见玄宗。

古代女子画眉时，常用的颜料是“黛”，是一种黑色矿物。画眉用的黛需要经过调和才能使用，过程有点类似研磨，先将石黛放在石砚上磨碾，将其粉末用水调和后即可使用。古代女性的眉不止可以化成黑色，还有一种青黑色的眉妆，称“翠眉”。《事物纪原》卷三中记载：“秦始皇宫中悉红妆翠眉，此妇人画眉之初也。”

除眉毛外，古代女性注重的还有面饰，就是脸部的化妆。古时有一个词——脂粉，最能概括古代女性脸部的妆容。古时妇女在化妆时，一般先在脸部擦上白粉，这样会使皮肤看起来更加白皙；然后再在两腮的位置涂上胭脂，可以让脸部显得更加红润。白粉和胭脂组合在一起，令女性脸部显得白里透红，妩媚动人。胭脂的材料主要是红蓝花，《红楼梦》中的贾宝玉有一个爱好，就是用嘴去尝胭脂。

古代女子梳妆图

脂粉是古代女性妆容的基础，除此之外，他们还喜欢在脸部加上一些装饰。常见的有额黄、面靥和点唇。

所谓“额黄”，就是在额头上涂上黄粉。起源于南北朝，盛行于唐朝，在宋代时也依然流行。

李商隐曾写道：“寿阳公主嫁时妆，八字宫眉捧额黄。”

“面靥”这种妆容比较奇特，是用丹红或墨色在两颊点上类似痣的圆点。面靥的位置一般在两侧酒窝或者嘴角，但形状也不限于圆形，也有星星、月亮等形状。据说面靥起源于三国时的吴国，不过《释名·释首饰》中也有类似的记载：“以丹注面曰的。的，灼也。此本天子诸侯群妾当次进御，其有月事，止而不御，重以口说，故注此丹于面，灼然为识。女史见之，则不书其名于第录也。”

“点唇”则类似今天女性用的唇膏，多为红色。宋代张先在《燕归梁·高平调》词中曾写道：“点唇机动秀眉颦，清影外，见微尘。”

古人如何上厕所

人的日常生活离不开吃、喝、拉、撒，前两项古人很重视，提出“民以食为天”，但后两项由于比较不雅，所以很少被人提起。但不说不代表不存在，作为日常生活的重要组成部分，古人是如何上厕所的呢?

其实，古人是随地大小便的。当然，做这种事的时候最好要找个没人的地方，要是在大庭广众这么做，是会被抓起来的。古代的厕所比较简陋，在地上挖一个坑，在坑的上面搭两块板，厕所就基本建成了。因为粪便可以用来作肥料，所以很多时候在坑里会放一个大缸，用来收集粪便。

一般人家的厕所通常依墙而建，用墙来充当屏障，墙挡不到的地方就用木板挡住，或者用布之类的东西围起来。条件好的人家厕所上面会有顶棚，用来遮风挡雨，而普通人家的厕所就只是露天的。还有一种比较常见的厕所，也是在地上挖坑，搭两块板，周围用石头摞起来充当屏障。

古时还有一种厕所，称为“圂厕”，分为上下两层，上层是厕所，下层是猪圈，将猪圈与厕所合而为一，既节省了空间，还能将人的粪便与猪粪结合在一起作为肥料用。这种形式的厕所如今在某些地区依然存在。

在汉朝的时候，出现了一些公共厕所，有的厕所中还设有隔墙，一些厕所的外围还有围墙将厕所围成一个独立的空间，私密性更好。

古时的这种坑厕有一定危险性，尤其是在晚上，缺少照明，一不留神容易踩到坑里。所以，古代还有一种晚上如厕用的物品，即“夜壶”。夜壶也称为“虎子”或“马子”，有些地方也直接称其为“马桶”。相传西汉时“飞将军”李广射死卧虎，让人铸成虎形的铜质溺具（小便器），把小便解在里面。为了表示对猛虎的蔑视，后来人们就把这个东西叫“虎子”。宋代人赵彦卫在《云麓漫抄》中说：“马子，溲便之器也。本名虎子，唐人讳虎，始改为马。”

古代的夜壶

不过，夜壶一般都是男性小便时使用。后来马桶的概念逐渐扩大，一般为带盖子的木制圆桶，可用来大小便。为了防止漏水，在桶身通常涂上油或者漆，再用铁丝在周围扎牢，以防被挤压散架。宋代吴自牧在《梦粱录·诸色杂买》中记载：“杭城户口繁夥，街巷小民之家多无坑厕，只用马桶。”

在古代的贵族中，厕所及便器都是很讲究的。西晋石崇富甲天下，上厕所时有十多个婢女服侍，厕所里面装饰得富丽堂皇，有的人进去后吓得退出来，以为里面是卧室。宋太祖赵匡胤灭掉后蜀之后，纳了蜀主的妃子花蕊夫人，并将其宫中的宝物全都运回汴京。他发现其中有一个盆子上面装饰着玛瑙翡翠等，打算用来喝酒，问过花蕊夫人后才知道这是蜀主孟昶的便器。宋太祖说道：“连溺器都用七宝装饰，那用什么器皿来盛装食物呢？”随后斥责道：“所为如是，不亡何待？”就将这个盆子打碎了。

说到古代贵族与厕所的故事，就不得不提到一个人物——晋景公，他就死在厕所里。《左传》中记载，晋景公晚年的时候病入膏肓，他请巫师来占卜，巫师说他吃不到新收的麦子了。后来，晋景公命人献上新收的麦子，做成麦饭。然后又把那个巫师叫来，示意自己可以吃到新收的麦子，随后将巫师杀掉。结果在吃饭之前，晋景公感到腹胀，于是就去了厕所，不知为何就掉进厕所中死了。如巫师所言，他终究没能吃上新收的麦子。

按照现在的科学来解释，晋景公可能是在上厕所的时候突发了一些疾病，如心脏病、脑出血等，所以才会掉进厕所里淹死。这个故事到这里还没完，晋景公掉进厕所之后，似乎没有被人发现，有个宦官梦见自己背着晋景公登天，他在中午的时候将晋景公从厕所中背出来，可能是由于那个梦的原因，在晋景公下葬的时候，这个宦官也被用来殉葬了。

古代的厕所很简陋，古人如厕时也不方便。古人上完厕所后一般是不用纸的，普通百姓只能用些石块或土块来清洁，还可以用茅草树叶等物。条件好一些的人家会用一种叫“厕筹”的东西，实际就是如厕后用来擦拭的长条形木片或者竹片。这种厕筹一般打磨得比较光滑，宋马令《南唐书·浮屠传》中记载：“后主与周后顶僧伽帽，披袈裟，课诵佛经，跪拜顿颡，至为瘤赘。亲削僧徒厕简，试之以颊，少有芒刺，则再加修治。”

我们知道，由于人身体构造的原因，如厕之后，用硬物是不可能清理干净的。所以古代贵族如厕之后，经常要更衣，其实应是借机清洗臀部。一直到元朝之后，人们如厕时才比较普遍地使用厕纸。元朝时，元裕宗的皇后阔阔真十分孝顺，裕宗母亲如厕时，阔阔真要先用脸将厕纸擦拭柔软之后，再给裕宗的母亲使用。

不过，即使在元代之后，厕纸仍只有贵族和有钱人才能使用。明代胡应麟所著的《甲乙剩言》中提到，安平地区的人如厕时，皆用瓦砾代替纸张。明代宫廷中有一个叫宝钞司的部门，就是专门为皇室生产草纸的。实际上，直到二十世纪七八十年代，厕纸才真正在我国普及开来。

古人家具的发展变迁

早期的时候，古人的家具比较简单。夏商周时代，贵族居室中的摆设以席、几、屏风等物为主，除此以外，还有一些玉、石、铜等物制成的装饰品。

床在当时是重要的家具。床在我国的历史非常久远，在甲骨文中就有许多和床有关的文字。《诗经》中也有很多与床有关的诗句，如《诗经·斯干》中："乃生男子，载寝之床。"早期床的种类比较单一，但也出现了一些特殊的床，比如在湖北省荆门市包山曾出土过战国时期的一种折叠床。床身由两个完全相同的框架拼接而成，床长 2.2 米，宽 1.3 米，高近 0.4 米，在床上还设有床栏，栏高 14.8 厘米，床栏中还留有一个宽约半米左右的缺口，

战国的折叠床

以供人上下床时使用。其设计可以说是非常完备了。

古时还有一种兼备床和椅的功能的家具，称为“坐床”。北魏杨炫之《洛阳伽蓝记·龙华寺》中记载：“（白象）背设五彩屏风，七宝坐床，容数人，真是异物。”坐床并不放在卧室中，一般都设置在厅堂里，前面配有几或者案，有点类似今天的沙发。

坐床的使用要遵循严格的礼法，主人或者身份尊贵的人坐正中间的位置，宾客或者身份低的人则坐在两旁，其各自的位置固定，通常是不允许僭越的。但也有一些特殊情况，比如主人特别赏识某个人时，就特例允许对方与自己同坐一床。在隋朝时，宰相杨素就非常欣赏李靖，允许他与自己同坐一床，还说：“你终当坐到这个位置！”大诗人杜甫在西川节度使严武幕府中时，曾喝醉酒跑到严武的坐床上，对着严武大喊：“你父亲居然有这样的儿子！”这在当时是很失礼的行为，杜甫曾因此惹上杀身之祸。

作为常见的家具，在贵族中也出现了很多堪称奢侈品的床。比如唐玄宗曾赐给安禄山两座白檀床，由于安禄山这个人比较胖，所以这两座床非常大，长可达三米多，宽达二米。在《唐五代笔记小说大观》中记载，同昌公主出生时，皇室曾用水晶、火齐珠、琉璃、玳瑁等物造床，上面还装饰有金龟和银鹿。

在后来，出现了一种比较狭小的床，称为“榻”，《释名》中说：“长狭而卑曰榻，言其榻然近地也。”榻的使用更为随意方便，既可坐也可卧，兼备了坐床与床的功能；既可放置在卧室，也可以放在厅堂。在古时，“同榻而卧”是关系亲密的象征。在小说《三国演义》中，赤壁之战前，曹操派蒋干去说服周瑜投降，周瑜假装与蒋干亲近，晚上便与其同榻而卧，诱使蒋干盗书，令曹操中了反间计，杀掉了手底下蔡瑁和张允两个水军都督，间接导致了曹操在赤壁之战中的大败。

在早期，由于桌椅还未出现，所以那时的人们多席地而坐，居室中常见的家具是“几”和“案”。几是古人坐时搁置物件的小桌，两端有足，现在的茶几就是几的一种。早期的儿和案以漆器居多，也有少量铜制的。

很多人认为几就是古代的桌子，实际上这种看法并不准确，案才是古代的桌子。案大致可分为两种：一种是食案，就是吃饭用的桌子；另一种是条案，就是办公、置物用的桌子。早期时，几和案的高度都比较低，到了唐代，由于出现了比较高的坐具，所以几案的高度也随之增加。

古代的几一般是长条形，而案多为方形或圆形。几案一般摆放在厅堂或坐塌前，还有一些比较小的几案可以放到床榻之上进餐时使用。另外，在官府公堂等处办公用的案一般比较大，在上面可堆放各种文书及办公用具。

在古代，帘、帏、帐等也是重要的家具，其名称多种多样，但功能比较相近。帘有门帘和窗帘之分。从材质上来说，有布帘、帛帘、竹帘、草帘等。富贵人家的帘子上还带有各种装饰品，如珍珠、金银钩、玳瑁等，唐诗中就有“美人卷珠帘”的句子。帘的主要作用是遮蔽。古代男女有别，女子会见男性宾客时一般都要隔着帘子交谈。当年武则天召见张嘉贞时，就隔着帘子与其交谈，张嘉贞非常想见到武则天的面容，于是请求武则天撤去帘子，武则天很看重他的才华，就答应了他的请求。张嘉贞后来曾官至宰相。

帷、帐等物最开始是用于军队中的，是行军打仗时军人在户外的居所，后来也用于室内。帷、帐在室内起分隔的作用，是将某一块地方单独隔离开来。唐朝时，宁王府上有一位著名的歌妓叫宠姐，长相美貌，善于歌唱，但轻易不在人前表演。一次，大诗人李白在宁王府饮酒，借着酒醉大胆请宁王令宠姐出来表演，宁王笑着令左右设七宝花障，命宠姐在花障后唱歌，李白起身感谢宁王说：“虽然见不到对方的容貌，但能听到她的声音，已经是十分荣幸的事了。”

屏风亦是古代的主要家具，它既有抵御风寒等实际作用，也可作为装饰品来美化居室。屏风出现的历史很早，在湖北江陵天星观出土的一座楚国贵族墓葬

古代的屏风

中，仅屏风就出土了五件，可见屏风在当时很流行。

古代屏风的材质多为木质或竹制，在屏风上用帛或绢、纸等作屏面，也有木质的屏面，还有更高级的屏风会配有琉璃、云母、水晶等装饰物。在形制上，既有单独的巨型屏风，也有多扇相连可以折叠在一起的屏风。折叠的屏风通常为六扇，称为“六合屏”。

古时屏风上多绘有书画等作为装饰。唐朝时，唐太宗曾考验当时的书法家虞世南，命其将《列女传》书写在屏风上，虞世南即当场默书《列女传》，竟一字不错。在唐诗中也有很多关于屏风的诗句，如杜牧的《秋夕》中曾写道：“银烛秋光冷画屏，轻罗小扇扑流萤。天阶夜色凉如水，卧看牵牛织女星。”

除以上所述外，古人常见的家具还有橱、柜、箱、匣等收纳物品，无法一一尽述。总的来说，古代早期的家具种类比较少，样式也比较简单。后来随着技术的进步，家具种类逐渐增多，样式也更加繁多，更加精致。到了明代时，家具已经非常多样，造型也更加优美，明式家具遂成为中式家具的典型代表。

从《清明上河图》中看古代超级大都市

如果说张择端的《清明上河图》是北宋都城繁华景象的精美画卷，那孟元老的《东京梦华录》便是那种繁华景象的深切回忆。一幅画卷，一部书稿，将北宋都城的繁华景象清晰地呈现在后人眼前。

在《清明上河图》中，张择端描绘的北宋开封景象大致可以分为三个部分：一部分是开封城郊的田野风光；一部分是汴河沿岸的生活景象；还有一部分则描绘了城门内外的街市景象。

整幅画卷五米多长，出现了八百多个人物，其中的车、船、牛、马更是随处可见。除了这些，画卷中还有酒楼、城墙、桥梁、河流，各色自然与人文建筑景观相互交映，别具特色。

在《清明上河图》的汴河部分，可以看到河道两岸人烟稠密，粮船往来不绝，有的人在茶馆中休息谈天，有的人则在饭馆中享受美餐，船上的商人和地上的小贩们往来奔走，都在各自忙着自己的生意，只有那些无事可做的人，才有闲情逸致细细品味河岸两边的风土人情。

在《清明上河图》的虹桥部分，往来客商更是络绎不绝。这种场景很像今天春运时的各大火车站候车大厅，仅用一个“堵”字是形容不了人们焦急的内心的。

从画卷中可以看到，虹桥的桥面是非常宽的，来往行人又都左右通行，为何还会出现如此拥堵的情况呢？

《清明上河图》中的虹桥

孟元老在《东京梦华录》中曾描述，汴河从西京洛阳流入开封，向东到达泗州，最后汇入淮河。从东南地区运来的所有货物钱粮，都要经过这条河才能运入开封。而在这条河上一共有十三座桥，其中最引人关注的就是东水门外七里处的虹桥。这座桥与其他桥的不同之处，不仅因为它是一座没有支柱的拱桥，还因为它是北宋都城最繁华商业地段上的一座重要交通路口。

从这一描述中，便可以大致得出为什么虹桥会出现如此拥堵的情况了。结合《清明上河图》中的内容可以发现，商贩占道经营是造成虹桥拥堵的最主要原因。其他街道的拥堵问题，很多也与这种占道经营行为有关。

北宋开封府的街道规制本就没有唐长安城那般规整，在坊市制度被打破后，商业区与居民区彻底混在一起，百姓们沿河设市，临街开铺，想在哪做生意，就在哪做生意。沟通汴河两岸的虹桥是行人必经之地，自然也会成为商贩们争抢摆摊的主要地区。

对于在虹桥上占道经营的问题，一位官员曾向宋仁宗上书说道："汴河桥上现在都是摆摊做生意的，这些人不仅会妨碍行人车马通行，还会损害桥面道路。"对此，宋仁宗颁布了命令，禁止百姓在开封的河桥上摆摊经营，以缓解交通拥堵问题。

但从具体执行情况来看，上面的命令并没有成功改变百姓们的行为，沿河设市、临街开铺的现象依然很普遍。其实，只要是没太过影响行人通行，商贩的摊位占用一点街道也是可以理解的。但如果把铺子支到了桥上，影响行人正常通行，那就有些过分了。

一般情况下，北宋朝廷会对占道经营的商贩进行劝离，拒不改正的经营者将会遭到处罚。但更多时候，北宋朝廷也是睁一只眼闭一只眼，因为即使劝走了这个人，还会有其他人顶替他的位置。都城中的人实在是太多了，即使解决了商贩们占道经营的问题，交通拥堵的问题也还是存在的。

《宋代东京研究》有载，北宋开封府由宫城、里城和外城构成。其中宫城是皇帝及后妃居住的地方，规模较小，布局也较为紧凑，所有皇室宫阁都集中于此；里城又被称为阙城，位于宫城之外，是北宋建立之前便存在的旧城，其城墙和城壕多已荒废；外城则被称为罗城、新城，建于后周世宗时期，北宋曾多次对其进行增修，将其作为守护京都的屏障。

在三个部分中，宫城因为范围较小，所以人口数是最少的；里城在宫城之外，人口多了许多，有钱人较多；外城的范围最大，人口数也是最多的，但人均购买力水平要比里城差一些。

《宋会要》有载，公元1021年，北宋开封城内厢共有97750户人口，如果每户人家按照5人来计算，那整个北宋开封内城的人口数便已接近48万人。如果再算上外城之中的人口，那北宋开封的总人口超过百万是很正常的。

如此庞大的人口数量，在为都城带来商业繁荣的同时，也推动了北宋社会的全面发展。但从另一方面来讲，人口过多也会对城市管理带来一系列考验。如果解决不了这些问题，原本的人口红利便会引发各种各样的问题与矛盾。

宋朝的超级购物中心

商贸中心是城市之中的繁华地段，在这里出现拥堵是常态，但快乐也是无处不在，吃饭、购物、游戏，各种休闲体验都可以在这里得到满足。即使在网络购物如此发达的今天，中国人也还是喜欢在周末去逛逛购物中心。

其实，现代中国人这种爱逛爱玩的心思与古代人是颇为相同的，早在一千多年前的宋朝，人们便习惯了在闲暇时逛一逛购物中心。当时，宋朝都城汴梁中，便拥有一个规模较大的购物中心——大相国寺。

大相国寺？难道是鲁智深“倒拔垂杨柳”的地方？寺庙确实是那个寺庙，但这个大相国寺可不只是和尚们吃斋、念佛、种菜的地方，这里还是大宋“购物中心”“旧货市场”“古玩城”……顶着如此多头衔的大相国寺，还是诸多大宋文人雅士必去的“打卡”地点。

真宗朝宰相寇凖在还未被重用时，就曾来到大相国寺游玩，他在这里遇到了一个相师摆摊，并为自己免费求了一卦；大才子黄庭坚喜欢来大相国寺“淘宝”，有一次捡漏淘到一册宋祁的《唐史稿》，欣喜不已；李清照在晚年回忆时，最怀念的便是当年和丈夫赵明诚一起逛大相国寺的时光……

大相国寺到底有着何种魅力，能吸引如此多文人雅士前来光顾？它又是如何从一座寺庙，发展成为北宋都城繁华的“购物中心”？想要了解这些问题，还要从大相国寺初建时说起。

大相国寺始建于北齐，在北周时成为皇家寺院，宋朝建立之后对寺院进行了进一步扩建，最终形成了占地五百余亩的大相国寺。整个寺庙由山门、钟鼓两楼、天王殿、大雄宝殿、八角琉璃楼、藏经阁、大师堂等多部分组成，下设六十四个禅院。从体量上来看，当时大相国寺相当于一个半现在的国家体育场鸟巢的大小。

因为是皇家寺院，大相国寺历任方丈主持都是宋朝政府指派，因而这里也就成了皇家、官府做佛事的指定场所。因为有官府背书，民间佛事也逐渐向大相国寺转移，因而也就形成了大相国寺香火不断的场面。

既然香火不断，那必然也是人头攒动，并不宽阔的虹桥尚且能成为北宋重要的商业摊点，大相国寺自然也是极具潜力的。不知从何时开始，大相国寺周边便开始出现商贩，最初是几个人，随后是一群人。最初只是小贩摆摊经营，而后却变成了商铺林立的景象。大相国寺“购物中心”就是这样慢慢形成的。

从山门前的广场，到大雄宝殿前的广场，只要是能摆下摊位的地方，就会有商贩的身影。各地的商贩们拿着全国乃至海外的各种珍奇异兽和奇珍异宝在这里售卖，无论是高价的稀罕玩物，还是低价的日常物件，在这里都能买得到。所以来这里的顾客不只有普通百姓，还有许多官员和王公贵族。

宋哲宗的驸马王俊卿、当时还是端王的赵佶、宰相王安石、章惇，以及李清照夫妇等人都是这里的常客。

跨过山门继续往前走便来到山门与二道门之间的一个小广场，这里是“日常百货”专区，不管是针头线脑，还是锅碗瓢盆，抑或衣服、鞋子、布匹，只要是百姓所需的，这里便应有尽有。

因为百姓日常用品的种类过多，售卖的商贩也过多，那些没有在这片区域中占到地方的商贩，就需要把商品拿到更里面的三道门广场上售卖。这可能会对他们的生意造成不小影响，因为有些百姓在二道门广场买到了自己所需的物品，便不再去后面逛了。

三道门广场在大雄宝殿前面，这个广场是整个大相国寺“购物中心”占地面积最大的区域，所售卖的物品也是各有不同，武器弓箭、水果蔬菜、干果蜜饯、时令小吃等能在这里找到。

这个最大的购物广场，聚集着许多有名的店铺，像是孟家道冠、王道人蜜煎、赵文绣的笔和潘谷墨等。作为大相国寺的核心商业地段，这里的摊位租赁费用相对较高，对于这些品牌店铺来说倒是可以接受，对于那些在前面两个广场抢不到摊位，自己的产品又没什么核心竞争力的商贩来说，就要细细考量一番了。否则在这里摆了一天摊，一件东西没卖出去不说，还白白浪费了摊位费用。

对于大多数普通百姓来说，逛一逛前面三个广场，基本就能买到自己想要的商品了。但对于那些喜好文玩的文人骚客们来说，绕过大雄宝殿继续向后走，便到了大相国寺“文玩城”，这里有各种名家墨宝、文玩古籍，总会给人带来意想不到的惊喜。

一般来说，正常的购物中心逛到顶层就是餐饮服务区了，大相国寺“购物中心”也是如此。在逛了一圈各大广场后，人们还可以停下来喝口茶，吃点东西。

在大相国寺“美食街”中，蔬菜、豆腐之类的素食自然是最具特色的餐食，但喜欢吃肉食的顾客也不必失望，因为在这里有专门为肉食爱好者设置的“烧朱院”。宋代很多高官显贵都曾在“烧朱院”中请客吃饭，这也足以证明这里的美食是不错的。

吃、喝、玩、乐、购，各种消费需求统统满足，这样的大相国寺真无愧于大宋“商贸中心”的美名。如此庞大的规模和繁荣的商业，也让人不禁感慨宋朝经济之发达，宋朝人生活之丰富多彩。

古人的豪华别墅

自从人们掌握了建造房屋的技术后，在居住习俗上，就有了社会等级的差别，穷人只能住土屋草房，而豪门贵族的住宅则千变万化，超乎想象。

在夏商周三代，贵族们的住宅通常用石头或铜做成柱子，然后再用木架支撑起高大的房屋。此时贵族的住宅规模十分宏大，他们的住所除了有高大的殿堂外，还带有相当规模的庭院，小的庭院占地面积可达数百平方米，大的甚至有数千平方米。当时的人们还没掌握用瓦盖房子的技术，所以即使是贵族的宅邸，其屋顶也是用草泥建成的。

这些豪华宫殿的用土量十分巨大，在河南二里头发掘的两座夏代宫殿，其用土量高达两万立方米。商代后期，宫殿的规模更加宏大。在殷墟中发现的商代宫殿，其地基就高达两米，包含十九层夯土，一半位于地下，一半位于地上。《说苑》中记载："纣为鹿台糟丘，酒池肉林，宫墙文画，雕琢刻镂，锦绣被堂，金玉珍玮，妇女优倡，钟鼓管弦，流漫不禁，而天下愈竭。"可见当时宫殿的华丽。

古代在建房时，还有祭祀的习俗，这本不稀奇，在今天，这种风俗依然存在。但在夏商周时，祭祀有时用牛羊猪等牲畜，有时还用人来祭祀。更恐怖的是，那时的人将祭品杀掉后，就埋在房屋底下。在河北省藁城台西遗址发现的商代住宅遗址中，曾在西墙下发现三具人类骸骨，在靠近东、南、西三面墙的地方，还埋有四个人头。这种习俗，可能与当时的宗教观念密切相关。

到了秦汉时，天下统一，国力大大增强，在贵族中流行兴建豪华的宫苑。最著名的应是秦始皇修建的阿房宫。在唐代诗人杜牧所作的《阿房宫赋》中，对阿房宫的华丽进行了详尽的描写："五步一楼，十步一阁。廊腰缦回，檐牙高啄。各抱地势，钩心斗角。"然而赋中内容都是出于作者的想象，据最新考古发现，阿房宫应该只修了一个前殿的地基而已。

阿房宫虽然没有建成，但秦始皇修建的另一个豪华宫苑却是真实存在的，这就是著名的上林苑。上林苑始建于秦代，《史记·秦始皇本纪》记载，秦灭六国后，"徙天下富豪于咸阳十二万户。诸庙及章台、上林皆在渭南"，"乃作朝宫渭南上林苑中，先作前殿阿房"。从这个记载来看，阿房宫和上林苑本为一体。

上林苑在汉武帝的时候重新扩建，从此成为中国历史上最负盛名的苑囿之一。上林苑纵横三百多平方公里，其中建有七十多座离宫别苑，里面不仅种植了两千多种来自各地的奇花异草，还豢养了多种奇珍异兽，集植物园和动物园为一体。上林苑还引了八条附近的河流到苑中，里面修有许多大大小小的池沼，其中以昆明池最为著名。据《三辅故事》记载："昆明池三百二十五顷，池中有豫章台及石鲸，刻石为鲸鱼，长三丈。"又载："昆明池中有龙首船，常令宫女泛舟池中，张凤盖，建华旗，作濯歌，杂以鼓吹。"

可惜后来上林苑毁于战火，我们只能从司马相如所作的《上林赋》中，来体会它当初的繁华了。

魏晋南北朝时期，世家大族崛起，他们集文化世家和政治世家为一体，在社会上享有各种特权。在这些世家大族中，兴起了修建私家园林的风气，中国的园林建筑在这一时期大大发展，这种现象在隋唐时期依旧存在。

当时的园林分为皇家园林和私家园林，中国古代的皇族似乎都有修建园林的癖好。唐朝时安乐公主曾经夺取百姓的农田，仿造汉武帝时的昆明池修建了定昆池，《太平广记》中记载，其"垒石为山，以像华岳；引水为涧，以像天津。飞阁步檐，斜桥蹬道，衣以锦绣，画以丹青，饰以金银，莹以珠玉。又为九曲流杯池，作石莲花台……"可谓极尽奢华。

唐代的诗人王维和白居易都曾修建别墅。王维辞官后，在辋川山谷中曾建有一座别墅，称为"辋川别业"，是在前人山庄的基础上兴建的一片私家园林。其中包括文杏馆、华子岗、斤竹岭、鹿柴等二十处景观。王维在此间过着隐士的生活，与朋友互相诗词唱和，著有《辋川集》。其中有题为《鹿柴》的诗："空山不见人，但闻人语响。返景入深林，复照青苔上。"

白居易早年在长安颠沛流离，晚年时从杭州太守离任，回到洛阳之后，在洛阳城外修建了三处园林。白居易在《池上篇》的序中写道："都城风土水木之胜在东南偏，东南之胜在履道里，里之胜在西北隅，西闬北垣第一第，即白氏叟乐天退老之地。地方十七亩，屋室三之一，水五之一，竹九之一，而岛树桥道间之。"

在唐代的权贵中，修建豪华别墅是很普遍的现象，最著名的要数李德裕的平泉山庄。李德裕曾出任唐朝宰相，是"牛李党争"中"李党"的领袖人物之一，他亲自设计修建了平泉山庄。李德裕先是将平泉山庄设计成五大部分，分别为花、石、树、茶和住宅，他搜集天下奇石和各种珍稀的花草树木充到苑中。据说李德裕在营建山庄时，很多远方的人都主动以当地的土特产进献给他，所以平泉山庄在数年之间几乎无物不有，山庄里如同仙境一般。后来李德裕被贬崖州，他仍然怀念当初的这座园林，在其诗作中有八十多首诗都提到过平泉山庄。

宋代之后，世族逐渐没落，但仍有新贵崛起，豪华园林仍不时出现。后来的皇室仍热衷修建豪华的离宫别馆，如明朝时武宗修建的豹房及清代时修建的避暑山庄等。

游牧民族只住帐篷吗

古代的游牧民族大多逐水草而居,《史记·匈奴列传》中记载,匈奴人随着水草而迁徙,没有用来定居的城镇,也没有作为产业的农田,不过他们依然有各自的牧场。匈奴人的这种生活方式,造就了其独特的习俗,他们对汉人的生活方式并不认同。

曾投靠匈奴的中行说曾对汉朝使者说过:“匈奴人的规矩很少,容易遵行,一个国家的政事就像一个人的身体一样……而汉人大兴土木,必然导致民生凋敝。努力耕田种桑来求取衣食,修筑城郭来保护自己,所以民众在紧急时不去练习作战的方法,在平常又会被生计所累。”他还说:“嗟土室之人,顾无多辞,令喋喋而占占,冠固何当?”意思是:住在土木房屋里的汉人啊,不要再多说什么了,喋喋不休而又窃窃私语,衣冠楚楚又能怎么样呢?

匈奴虽然只是历史上北方游牧民族中的一员,但却很具代表性,他们通常都住在一种外形类似穹隆的毡房里。那么,历史上的这些游牧民族是否真的只住在帐篷里,对汉人的房屋不屑一顾呢？实际也并非完全如此，要看具体哪一个民族及其所处的历史环境。

车帐确实是大部分游牧民族最主要的居住方式，但他们有时也会住在一些棚舍里面。这些棚舍的搭建和拆卸都极为简便，常见的有草屋、板屋、瓦屋等样式。以女真人为例，他们平时不定居，出行时用牛来负载物品，如果遇上下雨的话，就“张革为屋”，这应是皮毡房的一种。金国建立后，随着统治区域的扩大，女真人的居住环境呈现出多样化的特点，山地和平地的居民住所大不相同。

宋朝的使者出使金国时，在游牧的区域中，几乎看不到多少居民，每二三公里才有一两个帐族，“每帐族不过三五十家”。而到了平原地区，民居可多达数百家，屋宇相对，很有次序，但是没有城郭。这是女真人散居作风的体现，《大金国志》中就记载：“国初无城，星散而居。”

除此以外，女真人还会修建一些茅舍、棚屋等。《三朝北盟会编》中记载：“其俗依山谷而居，联木为栅，屋高数尺，无瓦覆以木板，或以桦皮，或以草覆之。墙垣篱壁，率皆以木，门皆东向。环屋为土床，炽火其下与寝食起居其上，谓之炕，以取其暖。”

女真人的茅舍很有特点，宋朝使者出使金国的时候，就被安排住在茅舍中。据记载，其“馆唯茅舍数十余间，墙壁全密……

寝榻皆土床，铺厚毡褥及锦貂鼠被大枕头”。从这段记载可以看出，女真人的茅舍是没有窗户的，全密封的，其“土床”应该与今天北方的炕类似。

在唐代时，居于东北的靺鞨一族，他们掘地为穴，架木为上，再用土覆盖在上面，形状很像中原的坟墓，在冬天时相聚住在里面，夏天的时候则逐水草而居。

在宋代，契丹人起初也是逐水草而居。北宋的使者出使契丹之前，就有人告诉他契丹人“城中无馆舍”，就算是契丹的贵族也常常住在城外的车帐里。后来随着与汉族交往的加深，他们也接受了一些农耕文化，其中之一就是开始修筑城郭和房屋。

辽国的城郭多以土石作为城墙，房屋多用草、木、土、石等作为建筑材料。一些城市在当时已经颇具规模，比如辽南京在当时称“幽都府”，已经有了内城和外城。城中有二十六坊，里面的民居星罗棋布，列肆者百室，水陆上的各种货品都集中在这里；城中既有契丹人，也有渤海人、汉人。

蒙古人最初也住在毡帐中。其毡房用木作骨架，在外面覆盖上毡毯，雨水是浇不透的；在毡房的顶部中间开口，用来通风、排烟。据《马可·波罗行记》中记载：“其房屋用竿结成，上覆以绳，其形圆，行时携带与俱，交结其竿，使其房屋轻便，易于携带。”

在蒙古，有一种特殊的毡房，称为“斡儿朵”，意思是“宫帐”，是蒙古贵族专用的帐幕。从成吉思汗开始，蒙古的大汗都有自己的翰儿朵。这些翰儿朵极为宏大华丽，有的甚至可以容纳 2000 人。《黑鞑事略》中徐霍注云："霆至草地时，立金帐，其制则是草地中大毡帐，上下用毡为衣，中间用柳编为窗眼透明，用千余条线曳住，阈与柱皆以金裹，故名。"

这些翰儿朵体现的是蒙古贵族的权威，其使用有严格的限制。律法规定：翰儿朵的门槛是不可以踩踏的，违者要被处死；翰儿朵不可以随意进入，违规者将被驱逐；在进入翰儿朵之前，要在两堆点燃的火焰中穿过，因为根据蒙古人的习俗，火可以驱除邪恶的东西；在进入翰儿朵的时候不能携带任何武器；进入翰儿朵之后要行跪拜礼，就算是他国使臣也不例外。

在蒙古立国之后，也开始修建都城，先后建有哈拉和林、上都和大都三座都城。哈拉和林是窝阔台当政时期修建的，城南北约二公里，东西约一公里，大汗所居的万安宫在其西南隅。由于修建得比较早，所以哈拉和林只有宫城，没有皇城。城内有两个居民区：一为回族区，内有市场；一为汉人区，居民尽是工匠。此外，尚有许多官员邸宅，以及十二所佛寺、道观，两所清真寺，一所基督教堂。由于蒙古国的强盛，哈拉和林成为当时世界上著名的城市之一。

在蒙哥继大汗位后，忽必烈负责汉地的一切大小事务，他命人修建了元上都。在忽必烈夺取大汗之位后，上都取代哈拉和林，成为其政治中心。上都已经颇具规模，里面的宫殿十分宏伟，以大安阁最为著名，曾有诗形容：“大安御阁势岧亭，华阙中天壮上京。”只不过，元上都在规模上仍不及后来修建的大都，即今日北京城的前身。

古代的船有多先进

船是古代重要的交通工具，船在我国出现得很早，古时有一种类似葫芦的植物，称为“匏”，也称为“瓠”。《传》云：“匏谓之瓠，又九月断壶。”在商周的时候就有人将其挖空用来渡河，《庄子·逍遥游》中曾写道：“今子有五石之瓠，何不虑以为大樽，而浮于江湖……”

到了春秋战国的时候，舟楫的制造工艺已经有了很大的进步。在江苏省武进地区的奄城，曾出土过四条春秋时期的独木舟，其中最大的长达 11 米，口宽 0.9 米，底宽 0.56 米，深可达 0.42 米，其舟体材质多为坚硬的楠木。

在春秋时南方的吴国和越国，已经出现了成型的水军，在当时称为“舟师”。在《越绝书》中，记载了一段吴王阖闾向伍子胥询问舟师准备情况的对话：“阖闾见子胥：‘敢问船运之备何如？’对曰：‘船名大翼、小翼、突冒、楼船、桥船。今船军之教，比陵军之法，乃可用之。大翼者，当陵军之车；小翼者，当陵军之轻车；突冒者，当陵军之冲车；楼船者，当陵军之行楼车也；桥船者，当陵军之轻足剽定骑也。’”

从这段记载中可以看出，当时吴国的舟师已经颇具规模，除了主舰外，还有用于护卫主舰的战舰，即“大翼”“小翼”；还有冲突敌舰时用的战船“突冒”；还有相当于陆地战车的楼船。

在河南汲县曾出土过战国时期的楼船，其工艺已非常先进，船可分为上下两层：下层可容纳三四人，用来划桨；上层可站立四五人，手执弓箭、戈等用于作战。在当时的舟师中，在楼船上服役的人很多，越王勾践就曾一次征发“楼船卒”二千八百人。后来勾践灭吴时，他亲率的军队就以舟师为主。

秦汉时，造船业已经十分发达。在广州发现的一个秦汉时期的造船工场遗址中，有三个平行的造船台，这说明在当时已经可以批量生产同一规格的船只。汉朝时皇帝所乘的楼船高度可达三十多米；民间的运输船长度可达二十米，载重量在一百五十吨到一百八十吨之间。在当时，中国的远洋运输已经开始。东汉时中国的航船已经可以穿越马六甲海峡到达印度，海上丝绸之路已初步形成。

在隋唐时期，船只的应用更加普遍，在《唐国史补》中，记载了一种“俞大娘航船”，其载重可达五百三十吨，驾驶船只的工人就有数百人之多。不仅如此，人们在船上还开辟了里巷和菜圃，可以种植各种瓜果蔬菜，连养生送死、嫁娶等都在船上进行。这种船似乎已经不能单纯地作为交通工具看待了，即使当成是住宅也不为过。

在这一时期，还出现了机械驱动的船只。唐太宗的五世孙李皋就曾设计了一种转轮驱动的车船，李纲《与宰相论捍贼札子》中提到："荆湖间车船乃唐嗣曹王皋遗制，其大有至三四十车者，挟以双轮，鼓蹈而进，驶于阵马。"

不过，唐朝时应用最广的还是各式各样的帆船。唐朝时帆船的帆多由蒲草或布帛编制而成，大型帆船的帆数量可达二三十幅。当时的帆船航行速度已经很快，若顺流行驶，"虽乘奔御风不以疾也"。唐诗中有很多与帆船有关的诗句，如李白《送孟浩然之广陵》中写道："孤帆远影碧空尽，唯见长江天际流。"

宋朝时，中国的造船业有了长足的发展。杨幺起义中，义军所使用的大型楼船给宋朝廷留下了很深的印象，自此以后，宋代官方对战船的生产大为重视，造船业在全国各地百花齐放。当时沿海地区的民营造船业崛起，据《三朝北盟会编》中记载，当时"海舟以福建为上，广东西次之，昌明舟船又次之"。

宋孝宗年间，水军统制官冯湛曾造出一种多桨船，船长约二十五米，宽约六米，用桨多达四十二支。这种船的船底是平的，吃水非常浅，无论江河湖海，均可航行。当时还有一种铁壁战船，在船的两侧各有车二座，桨三支，将车和桨结合起来，轻快便利，船身附有铁壁，结实坚固，是我国造船史上的创举。

造船业的发展为宋朝带来了巨大的红利，此时北方丝绸之路被少数民族政权阻隔，宋朝廷大力发展海运，宋高宗赵构曾云："市舶之利最厚，若措置得当，所得动以百万计，岂不胜取之于民？"两宋时期是海上丝绸之路的鼎盛期，贸易的主要物品从丝绸变为瓷器，《萍洲可谈》中记载："舶船深阔各数十丈，商人分占贮货，人得数尺许，下以贮物，夜卧其上。货多陶器，大小相套，无少隙地。"

在军事方面，在南宋与金之间的"采石之战"中，宋朝的战船也发挥了重要作用。采石之战是宋、金战争史上具有重要意义的战役，南宋军民在虞允文的指挥下，力挫南侵金军主力，打破了完颜亮渡江南侵、灭亡宋廷的计划，加速了完颜亮统治集团的分裂和崩溃，使宋军在宋、金战争中处于极为有利的地位。

明清时期，船依然是南方的主要交通工具，明代宋应星《天工开物》中记载："四海之内，南资舟而北资车。"这一时期，民间航运十分发达。明代的江汉客船，小巧方便，顺水时每天可行二百多千米，就算逆风时也可行五十多千米。因为朝廷常用这种船来运送征收盐课所得的银子，所以这种船又称为"课船"。

明中期以后，对外政策逐渐转向闭塞，到清朝实行闭关锁国，海运逐渐衰落，造船业也难有作为，直到新中国成立后，情况才有所好转。

古人是如何预测天气的

在古人的眼中，大自然中的一切都是神秘的，日月星辰、风雨雷电等现象的背后，都有一种神秘力量在支配着，人们在感谢大自然恩赐的同时，对其亦十分畏惧。人们渴望与自然中的一切进行沟通，因此就产生了各种各样的占卜活动。

原始社会的人们在面对大自然时，最开始的沟通可能是自然崇拜。在山东莒县大汶口文化遗址出土的陶尊上，就有关于日出的符号。在江苏连云港将军崖的岩画上，还有人们拜日的场景。到后来，随着人们认知的不断提高，人们对自然的看待更加客观，出现了一些唯物观点，如“制天命而用之”。

中国古代是农业社会，农业生产受天气状况的影响显著，古人在长期的实践中，总结出了丰富的农事预测和占卜的习俗。这些占卜活动虽然未必有什么科学依据，但也并非完全荒谬。

古人根据太阳在黄道上的位置，把一年划分为二十四个节气，用来表示季节的更替和气候的变化，这是中华民族智慧的结晶。在二十四节气中，大概可以分为四类：一类是表示寒暑往来的，如立春、夏至、秋分、冬至等；一类是象征温度变化的，如小暑、处暑、大寒等；一类是反映降水量的，如雨水、谷雨、小雪等；还有一类是反映物候现象的，如惊蛰、清明、芒种等。二十四节气的划分具有一定的科学性，比较准确地体现了一年中天文、气象及物候的变化。

古代农事活动的占卜，就与二十四节气密切相关。古人一般通过观察风与云的运动变化来占卜农事。占卜的时间很重要，要选在特定的日期。

元日是一年之首，古人通过在元日占卜，预测一年的收成。据说在苏州地区，农民在这一天早上，通过观察风和云的动向来占卜农事。有谚语说："岁朝东北风，五禾大熟丰。岁朝西北风，大水害农功。"这一天的风如果来自东南方则大吉，来自东方次之，来自东北方再次之；如果风从西面刮来，则不吉利；如果风从西北刮来，这一年就会降下大雨，恐怕会遭遇水灾。元日这一天的云，如果是红色或黄色则吉，如果是白色或者黑色则不吉。

人们还会在正月初八这一天，通过观察太阳的影子预测一年中的降雨量。中国民间传说正月初八是谷子的生日，在这一天，天气晴朗预示这一年将会是好年景。在这一天的午间，人们将竹竿立在太阳下，以测量日影的长度。如果日影长度超过竹竿长度，则有大水；如果日影有二百五十厘米左右的话，这一年就会有很多雨水；日影有一百五十厘米左右的话，就会有大风损害禾苗；

如果日影只有五十厘米左右，这一年就会大旱。

人们在正月初八这一天，还通过观察星象来预测降水。如果参星出现在月亮的西面，则会大旱，反之则多雨水；如果参星出现在月亮的西北角，则是丰收之兆。在民间有一句谚语：“参星参在月背上，鲤鱼跳在镬橄上。参星参在月口里，种田种在石臼里。”

除以上所述外，还有一种奇特的方法来预测每个月的降水情况，这种方法就是称量水的重量。在正月初一到正月十二这十二天，每天用瓶子取水称量，每天代表一个月份。比如初一这一天的水重就代表一月份的降水情况；同理，正月十二这天的水重代表十二月的降水情况。十二天加在一起，正好是一年。在称量时，水重代表多雨，水轻代表干旱。

立春为四季之首，这一天是农事占卜的重要时日。在北方，如果立春这一天是晴天的话，那么这一年将会有好的收成。古人在立春这一天，还会举行鞭春牛的活动。这种活动的起源非常早，高承《事物纪原》中记载：“周公始制立春土牛，盖出土牛以示农耕早晚。”

所谓“春牛”，就是用泥捏用纸粘而成的牛，也叫“土牛”。由人扮成主管草木生长的“句芒神”，鞭打春牛，再由地方官吏行香主礼，称为“打春”或“鞭春”。牛头的颜色由天干对应的色彩决定的。人们根据牛头的颜色来占卜降水的情况：如果这一年牛头的颜色是黑色，则代表降水很多；如果牛头是红色，则代表该年会比较干旱；如果牛头是黄色，则五谷丰登。

冬至亦是二十四节气中的重要日子，在古代民间有“冬至大如年”的说法，在这一天人们观察云的走向来预测农事。《陶朱公书》载：“冬至观云：徐于子时之平旦观之，若青云起，主岁稔民安；赤云主旱，黑云主水，白云主人灾，黄云大熟，无云主凶。”

在冬至这一天，还可以通过观察风的走向来预测农事，《陶朱公书》中载：“冬至占风……若南风主谷贵，背风主岁稔，西风主禾熟；若东南风、久有重雾，主水，西南风主久阴。谚云：‘冬至西南百日阴，半晴半雨到清明’。”

在二十四节气中，类似的占卜天气的方法还有很多，如：在惊蛰这一天听到雷声，则会风调雨顺；在清明这天，如果下雨的话，这一年就会有好的收成，如民间谚语：“雨打墓头前，今年好种田。”不过，有趣的是，在不同地区，其说法也不同，甚至会出现完全相反的情况。在越地，清明这一天下雨是不吉利的事，因为下雨会伤小麦，俗语云：“麦吃四季水，只怕清明一夜雨。”

古人这些关于农事与天气情况的预测，大多与农业生产密切相关，既是长期农事经验的总结，也带有一定的想象与荒诞成分，但也反映出古人对农事的重视及对未来的关切。

元朝人出门要带零食包

元朝的骑兵部队主要是由成吉思汗创建的蒙古骑兵传承而来，他们训练有素、骁勇善战，常能以迅雷不及掩耳之势冲向战场，赢得战争的胜利。除了继承了蒙古骑兵的勇猛，元朝骑兵还继承了不少蒙古骑兵的生活习惯。

如果看过元朝骑兵的古画，会发现每个骑兵几乎都背着一个行囊，这些行囊里面装的是什么？骑兵的兵器？露天帐篷？都不是！经过专家研究发现，这些背囊其实是骑兵们的“零食包”，里面装着各种便携的牛肉干、奶干等零食。

蒙古高原干旱缺水，自然条件恶劣，骑兵们在行军时，为了保存体力，通常都会带点牛肉干、奶干等食物，以便随时食用。

在行军时，骑兵部队通常会沿着有水源的地方前进，这样当疲劳饥饿时，他们就能直接从河湖中取水，用牛肉干煮一碗牛肉汤来喝。

没错，元朝骑兵背囊中的牛肉干并不是嚼着吃，而是喝着吃的。为了能携带更多的牛肉，元朝骑兵会将牛肉切成条，然后把牛肉搭在用木条搭制的棚子上进行风干。等到牛肉风干到和棉絮一样完全没有水分，他们才把这些牛肉干一层层压在皮囊之中。据研究，如果牛肉风干得够好，骑兵用一个随身携带的大皮囊就可以把整头牛的肉装下。

需要吃饭的时候，骑兵就会临近取水，把水煮开，然后从皮囊中撕下一点肉干，泡在开水里。不一会儿，牛肉和开水就成了一碗牛肉汤。骑兵喝一碗这样的牛肉汤，既解渴又充饥。

牛肉干是元朝骑兵零食包中的常见食物，但却并不是其中的最佳食物。想要喝上一碗牛肉汤，元朝骑兵不仅要找水烧水，还要自带煮水烹肉器皿，这对行军打仗的影响是比较大的，所以在“时间紧，任务重”的时候，元朝骑兵会在“零食包”中用另一种食物来替代牛肉干。

这种食物就是“奶豆腐”。它是一种将牛奶酸化凝固，隔离出奶油，然后通过装模、硬化、晾干形成的奶酪，有酸味和无味两种口味。

相比于牛肉干，奶豆腐食用起来就方便多了。牙口好的骑兵可以直接嚼着奶豆腐吃，牙口不好的则可以将其含在嘴里，像吃奶糖一样含化它。

奶豆腐营养价值很高，饥饿时吃一小块就有饱腹感。而且奶豆腐硬化晾干不容易发霉，即使表面长出霉，去掉霉层也可以继续吃。

有了奶豆腐，骑兵的食物问题基本就可以解决了。但吃多了奶豆腐，口渴了怎么办呢？元朝骑兵的“零食包”里可没有矿泉水，在进行一些远途作战时，他们想要饮水基本要靠喝马奶解决。

行军时，骑兵每人都会携带两匹或三五匹战马轮换骑乘。在挑选战马时，他们会优先选择下过马驹的母马，这些马奶水充足，可以随时向骑兵供应马奶。古籍中记载的“一牝马之乳可饱三人”，说的就是马奶的神奇功用。

说到这里，有人可能会惊讶，蒙古马真的如此强健，在任何情况下都能产奶？事实上，蒙古马的耐力和环境适应能力的确很强。无论什么样的草料，蒙古马都可以消化掉，并且恶劣的环境也不会影响它们的体质。

有了奶酪、牛肉干这些便捷食物，以及马奶等便捷饮品，骑兵在行军路上的饮食问题基本就可以快速解决了。也正是依靠这些，元朝骑兵总被人们称为“狂风”，在作战时，他们就像一阵旋风一样掠过战场，将敌人掀翻在地。

一般来说，以速度取胜的元朝骑兵往往是小股部队，他们不会直接在正面战场与敌人打持久战，而是依靠奇袭对敌人造成杀伤。携带“零食包”可以让他们随时进行补给，以维持充沛体力进行战斗。除了这些小股部队，元朝的大军团骑兵并不完全依靠零食包进行补给，因为他们有专门的“后勤补给部队”。

在规模较大的骑兵部队中，会有专门的辎重队带着行李车和牲畜随行。一些部队除了辎重队外，还有一种叫作“奥鲁”的后勤组织。一些骑兵的家属会被编制到奥鲁组织中随军出征。骑兵部队负责前线进攻，家属则在后方负责运输辎重、挤奶、酿造奶油、缝制皮革等后勤工作。

有奥鲁组织的骑兵部队，除了奶酪、马奶这些方便食物和饮品之外，有时还有新鲜的肉食可以改善生活。

当随军牲畜即将食用完毕时，大军便会通过狩猎补充食物。大军对食物非常珍视，他们不会浪费一丝一毫的食物。史料曾载，“以肉乳猎物为食，凡肉皆食，马、犬、鼠、田鼠之肉，皆所不弃”，而且“他们也把暂时来不及细啃的骨头放在袋子里，以便以后可以啃它们，不致浪费食物”。

依靠辎重队和狩猎，再加上骑兵的忍耐力，元朝军团才能够长途远征。到了敌人国境之后，元朝军团还会使用另外一种补给方式——因粮于敌。“因粮于敌”就是在敌方国土收集粮草，抢掠敌方百姓的粮食。这种方式不但可以解决己方的饮食，还能打击敌方经济，甚至可以逼迫敌方野战，然后寻找机会歼灭敌军。

不过，这种方式并非每次都可以成功。至元二十四年（1287年），忽必烈发动了对安南王国（今越南北部）的征伐。安南王国自知无力正面抗战，于是便对元朝军队发起游击战（游动攻击，敌进我退，敌驻我扰，敌疲我打，敌退我追）。

元朝军队没有办法实施因粮于敌，再加上己方的粮草又被安南水军拦截，负责粮草的将领无奈之下，只能把全部粮草沉于海底。元朝军队没有粮食可吃，除了仰天长叹无计可施，最终惨败而归。

兵马未动，粮草先行。行军打仗是一件非常艰苦的事情，部队如果得不到充足的粮食补给，再勇猛的战士也会失去战斗力。这样看来，粮食比兵器还要重要。元朝骑兵用零食包来储存粮食的方法，看来也并不是贪吃，而是维持战斗力的一种必要手段。

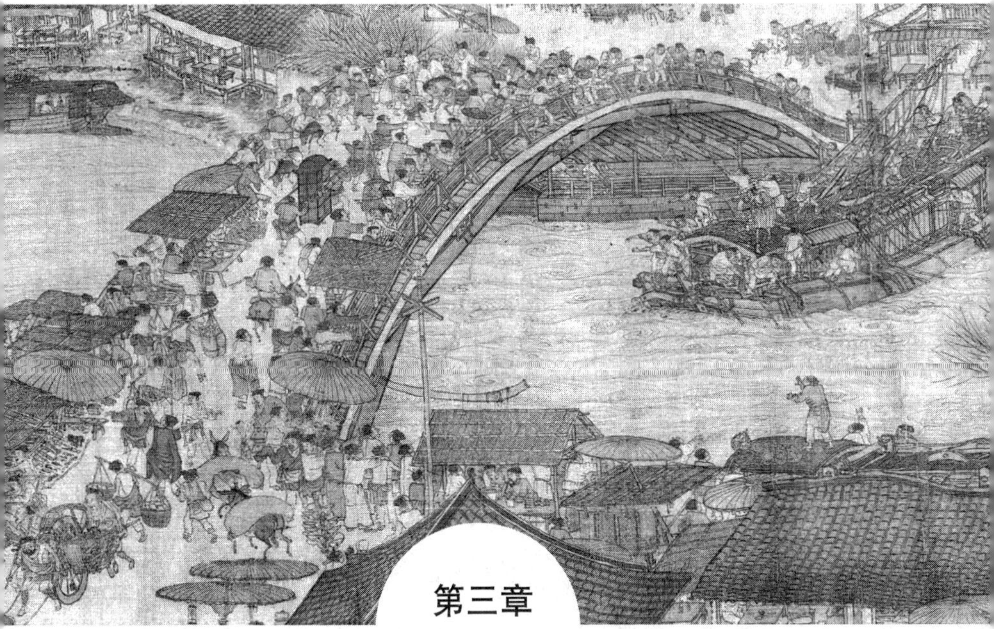

第三章

古人的经济与娱乐

古代的中介

在古代的商业交易中，很早就出现了以说和买卖为职业的中间人，称为“牙人”。牙人的历史可以追溯到西周时期的“质人”，《周礼·地官·质人》记载：“质人掌成市之货贿、人民、牛马、兵器、珍异。凡卖儥者质剂焉……”

在汉代的马匹交易中，也有类似的角色，称为“驵侩”。《史记·货殖列传》中记载：“通邑大都酤一岁千酿……佗果菜千钟，子贷金钱千贯，节驵会。”而关于“节驵侩”，在《汉书》中颜师古注曰：“侩者，合会两家交易者也。驵者，其首率也。”

唐代以后，这种在交易中充当中间人的角色，一般都被称为“牙人”，又叫牙子、牙郎、牙侩。唐朝叛臣“安史之乱”的发起者之一——安禄山，就曾做过牙人。《旧唐书·安禄山传》：“（禄山）及长，解六蕃语，为互市牙郎。”

在交易中，牙人本身不直接参与交易，而是居中说合促成交易，从而收取佣金。牙人所赚的佣金称为“牙钱”，如果交易成功的话，买卖双方都要向牙人支付牙钱，至于牙钱数量的多少，视交易金额的大小而有所不同，不同地域、不同时代牙钱的支付标准也有很大不同。

自唐代开始，牙人在市场交易中表现十分活跃，《太平广记》中记载："市肆交易，必为牙保。"《资治通鉴》中记载："南北物价，定于其口，而后相与贸易。"牙人大多具有丰富的社会阅历，能言善辩，并且在各自领域具有一定的专业知识。

在牙人商谈价格的过程中，经常采用"捏价"的方式，在中原地区也称为"摸手"。这种议价方式在牲畜交易中最为常见，因为牲畜市场环境嘈杂，大声议价比较不妥，所以采用这种类似哑语的议价方式。由于古代的衣袖十分宽大，人们捏价时，手藏在袖筒中，旁边的人是看不见的。

捏价的手势比较简单，和今天表示数目的手势相近，捏住食指表示一开头的数字，如一、一百、一千、一万等；食、中二指，表示二开头的数字；再加无名指表示三；再加小指表示四；捏住五指表示五；拳头也可以代表十；拇指加小拇指代表六；拇指、食指、中指捏在一起代表七；拇指和食指伸开代表八；勾着一个食指代表九。

牙人是商业交易发展的产物，同时也是市场上的一种需求，是符合市场规律的。明初，明太祖朱元璋曾想排除牙人，据《明会要·食货五》记载，洪武二年曾"令天下府州县各镇市不许有官牙、私牙，一切客商货物投税之后，听从发卖"。不过，这一禁令却未能实行，相反在明清时期，牙人这一职业的发展更加规模化，出现了专门为行商代理货物买卖的营业机构——牙行。

明朝人李晋德对牙行有一个功能性的定义："所谓牙者，权贵贱，别精粗，衡重轻，革伪妄也。"经营牙行须经政府批准，并交纳税课。明万历《扬州府志》中记载："俗之经纪，皆官为给帖，凡鱼盐豆谷，觅车雇船骡马之类，非经纪关说则不得行。"不仅如此，朝廷中还为牙行中的经纪人建立档案，上面记载了牙人的姓名、年龄、长相、住址、所从事的行业等资料，如清代嘉庆年间的一份牙行经纪人资料中就记载："井兆盛，年四十二岁，身中面赤有须，系东平厂厂户，住寿张集，充斗行经纪。系顶补孔保仁名缺，每年承办税银二两。"

对于商人来讲，牙行的优势在于安全可靠。牙行有其基本的行事准则，比如"不强人，不强货"，就是不强行拉客商投行，交易全凭客商自愿。一些比较知名的牙人，其预约甚至可以排到数月之后。即便如此，牙行中也有一些害群之马，他们强行拉客，且信誉极差，不遵守买卖双方的约定。明天启年间曾下令整治牙行强行拉客的乱象，"自今以后，凡客货商行，任其自投"。

牙人的日常工作就是主持货物分配，规定付款期限，帮助买卖双方说合，平息纠纷，促成交易。在明代的《老乞大谚解》一书中，曾记载了一个牙人的工作情况：买卖双方交易人参，由牙人明确市场的价格应是五钱一斤，卖方说自己的人参一百一十斤，不过称过之后却只有一百斤，这时称重的称不能用买卖双方中任何一方的，应该用牙行的称，因为牙行使用的是经过官府校验过的官称。

在上面的案例中，双方关于人参的重量产生纠纷，不管具体情况如何，牙人要平息纷争，所以上面的例子中的牙人解释道，卖家称的时候人参可能有些湿，一路走到这里后人参干了，所以才掉了十斤的分量。这里事实怎样并不重要，关键是要拿出一个双方都能接受的说法。之后卖家要求现钱交易，而买家则想宽限几日支付，最后经牙人调解，定下十日之内付清，这单交易就算完成了。

总的来说，牙人与客商之间的关系是相互信任、相互依赖的，每个行业都有各自的牙人。清代之后，牙人的经营范围逐渐扩大，除担任交易的中间人外，也自行营商，还为客人提供仓储、代付、贷款、运输等业务。

古人的夜生活

在古代的大多数朝代，都存在着宵禁的制度，所谓“宵”就是夜晚，“禁”是禁止的意思，“宵禁”就是禁止人们在夜晚活动。这是维护治安的需要。宵禁制度在中国有着悠久的历史，最早可以追溯到周代。在当时有一个名叫“司寤氏”的官职，它的职责就是“掌夜时，以星分夜，以诏夜士夜禁，御晨行者，禁宵行者、夜游者”。

另外，也有其他相关记载：“昏鼓，鼓十，诸门亭皆闭之，行者断，必击问行故，乃行其罪。晨见，掌文鼓纵行者，诸城门吏各入请钥开门。”如果行人再规定时间以外出行的话，必须要交代清楚原因，否则就会被问罪。以后的历朝历代都继承了这一做法，东汉末年时，曹操曾做过洛阳北部尉，这一职位就有执掌宵禁的职能。当时朝中有个宦官名叫蹇硕，深受灵帝宠信，权势滔天。蹇硕的叔父违犯禁令，深夜出行，曹操不畏权贵，将蹇硕的叔父处死，因此得罪蹇硕，被贬到外地做县令。

由此可见，古时的宵禁制度执行得还是比较严格的。唐代时社会风气开放，但宵禁却依旧严格。根据《唐律疏议》记载：“五更三筹……击鼓，听人行。昼漏尽，顺天门击鼓四百搥讫，闭门。后更击六百搥，坊门皆闭，禁人行。”可见，到了“白昼漏尽”的时候，官府就会关闭坊间的大门，行人不可以再在街上行走。

那么，有人会有疑问，如果宵禁的时间到了，来不及回家怎么办呢？唐代的大诗人温庭筠就遇到过这样的问题。当年温庭筠路过广陵时，一次在外面喝酒，由于喝醉耽误了时辰，在夜禁之后才起身回去，结果路上被巡逻的虞候发现，虞候当场就将温庭筠一阵毒打，连门牙都打掉了。温庭筠不忿，向当时的节度使令狐绹上诉，结果令狐绹判虞候无罪。

事情传开后，温庭筠颜面大失，他去长安向当时的权贵裴度上书，控诉令狐绹指使虞候欺辱自己，这篇上书就是《上裴相公启》。实际上，温庭筠触犯禁令确实应该受到处罚，但虞候下手未免重了些。当时令狐绹对温庭筠多有不满，故意指使虞候对其进行折辱也是有可能的。

不过，古人在晚上并非没有娱乐活动，只要不出门就可以了。唐代诗人祖咏在《宴吴王宅》一诗中，就记叙了吴王在晚上举行的一场宴会：“吴王承国宠，列第禁城东。连夜征词客，当春试舞童。砌分池水岸，窗度竹林风。更待西园月，金尊乐未终。”

在唐代传奇小说《李娃传》中，来到京中的郑生与名妓李娃相处甚欢，到了宵禁的时间，因为郑生住得比较远，为了不违反宵禁，想要在妓馆中留宿，结果被老鸨拒绝。可见，唐人晚上是可以有娱乐活动的，只是不能上街而已。

其实说到古人的夜生活，最值得大书特书的还是宋代。宋朝是中国历史上商业活动极为繁盛的时期，仅商业活动场所就有行、铺、市、肆等诸多种类，除了饮食店和旅店等比较分散外，其他的行业都比较集中，形成了城市中固定的功能区。

宋朝的城市中有很多娱乐场所，最常见的就是“瓦肆勾栏”，也称“瓦子”“瓦市”。关于这个称呼，吴自牧在《梦粱录》中解释说：“瓦舍，谓其‘来时瓦合，去时瓦解’之义，易聚易散也。”可见，瓦肆这一名称与建筑形式无关。

瓦市是一种泛称，酒馆、妓院、茶楼都可以成为瓦市。瓦市中搭设有棚子，是提供各种曲艺、杂技、杂剧等表演的场所。在这种棚子中，多会设置一些栏杆将表演者与观众分割开来，所以称为“勾栏”。

宋张端义《贵耳集》中写道：“临安中瓦在御街，士大夫必游之地，天下术士皆聚焉。”这种勾栏中的表演与今天剧场的表演不太一样，他们并不卖票，任何人都可以观看，不过表演到关键处时，表演的人一般都会暂停表演，向周围的观众收取费用，等观众付过钱后，才继续表演。

宋代时瓦子在城中的分布十分密集，在北宋的汴梁城中，光是东角楼一带，就有大大小小的勾栏五十余座，最大的可以容纳上千人。宋代的城市有一个特点，就是它的商业区和居住区是混杂在一起的，一条街上的房屋既可以作为店铺，又可以当作住宅，几乎家家都可从事商业活动。

在当时，出现了很多著名的商业街。比如开封城中著名的州桥夜市，《东京梦华录》中记载："出朱雀门，直至龙津桥。自州桥南去，当街水饭、爊肉、干脯……至朱雀门，旋煎羊、白肠、鲊脯、炸冻鱼头……夏月麻腐鸡皮、麻饮细粉、素签砂糖、冰雪冷元子……冬月盘兔、旋炙猪皮肉、野鸭肉……直至龙津桥须脑子肉止……"可见当时的繁华。

那么，为什么偏偏宋代的夜生活可以如此丰富多彩呢？从唐后期到五代时，宵禁制度逐渐松弛，到了宋代，虽然还存在宵禁的制度，但是宵禁的时间被更改。从北宋开始，宵禁开始的时间从一更改为三更。按照今天的算法，是将宵禁的时间从傍晚七点改到半夜十一点，足足向后推了四个小时。不止如此，在五更的时候，宵禁就会取消，夜市重新开放。《东京梦华录》中记载，马行街"直至三更尽，才五更又复开张。如要闹去处，通晓不绝"。

所以，宋朝的宵禁时间是非常短的，这是其夜生活如此丰富的主要原因。当时的人在夜晚外出游玩，饮酒赋诗、欣赏乐舞、沿街购物，甚至算命看相，其娱乐方式多种多样。南宋诗人陆游在《夜归砖街巷书》中描写杭州夜市："近坊灯火如昼明，十里东风吹市声。"

在当时，甚至在皇宫中，都可以听到夜市上喧闹的声音。宋人施德超的《北窗炙輠录》记载，一日深夜，宋仁宗在宫中闻丝竹声笑之声，问道："此何处作乐？"宫人回答："此民间酒楼作乐处。"有时连皇帝都会被夜市吸引，到宫外去游玩。据传闻宋徽宗赵佶就曾偷偷溜出宫，去寻访当时的名妓李师师。

明朝的奇葩——打行

现代互联网技术的发展确实给人们带来不少便利，只要轻松操作一下手机上的App，就会有人将外卖、商品送到自己家中；想要出去游玩，在网上直接订票即可；出门用App叫车也非常便捷。

但试想一下，如果要是在生活中遇到不道德、不文明的人，侵害了你的正当权益，你要怎么办呢？这种事情用App显然是无法解决的，找警察可能很多时候也没有用，因为他们的行为并没有违法，也没有犯罪，只是有些不讲理、不道德而已。那究竟要怎么办呢？

现代社会是法治社会，出手打人肯定是不对的，与对方对骂也有些不大雅观，最好的办法似乎只能是“大事化小，小事化了”，吃点小亏，躲过大麻烦。从这一方面来看，明朝人要更有办法一些，因为他们可以“一键叫人”，为自己摆平麻烦。

明朝有一个专门负责“找人麻烦”的行业，被称为“打行”，直译过来就是“打人的行业”。这个组织里的成员叫作“打手”，也叫“青手”，是专门负责打人的人。他们多是一些身强体壮、无所事事的社会闲散人员，如果没有这个行业的存在，他们很多人都会沦为市井流氓。

打手的主要工作自然就是打人，那他们打的是什么人呢？自然是顾客指定的对象。有些人有报复别人的想法，又不想自己惹上麻烦，于是来打行花钱请打手打人，把钱付了，说明白要打谁，打手们就回去准备，伺机为客人报仇。

这种打人的工作并不会天天有，一些打手为了增加收入，还会接一些其他业务。比如谁家的鸡丢了找不到，可以到打行，花钱找打手找鸡；又比如街头有恶犬挡道，也可以雇佣打行打手前来驱逐。按照当时明朝人的说法，他们是“大者借交报仇，小者呼鸡逐犬”，只要是能靠力量解决的问题，就可以找他们解决。

为了进一步拓展业务渠道，在打人寻物之外，打行还开发出了一项新业务——替人挨打。明朝后期的时候，很多农民没有土地还要缴纳赋税，这些失地农民当然没办法缴纳，于是就要被官府抓去打板子。此时，如果农民手里头有点闲钱，就可以去打行找一个身形类似的人，去官府顶替他挨打。

雇主有雇人替自己挨打的钱，却没有交赋税的钱，让人不禁觉得打手也太廉价了。其实，在接到这种业务时，打行中的打手通常会先与当地差役“沟通”好，打手真正挨打的时候，差役们的板子高高举起，轻轻落下，只是走个过场而已。只要打手把那两声“哎哟”喊得凄厉一些，雇主便觉得这钱花得就值了。

广泛的业务范围让打行受到了广泛欢迎，到了崇祯年间，打行已经遍布全国各地。业务规模做大了，打行也变得不像最初出现时那样纯粹了，无论是服务质量，还是服务态度，都比最初下降了不少。一开始时，打行还能做到“一手交钱、一手打人”的公平交易，但到了后期，很多打手干脆就直接蜕变成流氓，开始奉行“不交钱，就打人”的原则。

崇祯年间，打行专挑一些乡下进城卖东西的商人，在商人们必经的路上等候，等到商人们一出现，就开始半骗半抢，将商人的货物据为己有。有的乡下商人不肯将东西交给打手，打手便会直接殴打商人，俨然成了一个犯罪组织。

难道这个犯罪组织就没有官府管制吗？从历史记载上来看确实是没有的。明朝末年吏治败坏，官府与土匪勾结都是家常便饭，更不用说本来就带有官府色彩的打行了。尤其是有些根基很深的打行，一些官府是连管都不敢管的。

嘉靖年间，有一位治水名臣叫作翁大立，他奉命来到苏州任职，来的路上发现一堆打手正在殴打别人，他命车夫前去阻拦，但是却没人理睬他，这让他很是气愤。于是他上任之后立即发官文给各县官员，要求他们即刻开始整治打手，不能再让城里出现打行。

结果，打行的人立即听到了相关风声，他们没有收敛，而是在翁大人回家的路上埋伏，等翁大人一出现，打手们就鱼跃而出，驱散随从后将翁大人打翻在地。等翁大人反应过来，那些打手已经一个人影都没了，于是他只能一边咬牙，一边跌跌撞撞地回了家。

翁大人自然也不会白受这种欺负，他打算发动自己的管辖势力去打击打行，但却被手下人反复提醒，他们认为打行势力太大，根本没办法根除，还是不要招惹为好。眼见自己也调动不了多少人马，翁大人只得打消了这个念头，此前的一顿打算是白挨了。

其实任何朝代都有不少地痞流氓，当国家没有强制力去管束各种违法行为时，原本正当的行业便会逐渐恶化，正常的人便会流氓化。明朝打行的发展演变正说明了这个道理。

古人的“力技”运动

在古代的竞技运动中，有一类运动称为“力技”，就是以力气大作为表演的特色。早在西周时，就有角力和举鼎的表演。《礼记·月令》中记载：“（孟冬之月）天子乃命将帅讲武，习射御，角力。”可见，在当时角力是军队训练的项目之一。角力也称为“角抵”“相扑”“摔跤”，不同的时代有不同的叫法，但本质上相差无几。据说，在古希腊的奥林匹克运动会上，也有角力的项目。

举鼎也是力技的项目之一。战国时期的秦武王力气很大，喜欢角斗，争强好胜。国内大力士任鄙、乌获、孟说等人均被他任命为达官显宦，几人经常进行角力比赛。有一次，秦武王来到东周洛阳，看见大禹留下的九鼎，就与孟说打赌，看谁能举起殿前的大鼎。孟说没有举起。秦武王亲自举鼎，结果不小心折断膝盖骨，当天就去世了。

角力这种运动不仅考验比试者的力气大小，技巧在角力中也很重要。《庄子》中曾写道：“以巧力斗者，始于阳，常卒于阴，泰至多奇巧。”其中的“阳”指的是明面上的东西，而“阴”指的就是暗地里的东西。角力表面上看是比试力气，实际上也要注意技巧的运用。在角力中最后胜出的人，一般都是懂得使用技巧者。

在秦汉时期，角力就已十分流行。秦国向来有尚武之风，秦始皇统一天下后，将兵器全部销毁，但一时却无法扭转秦人的尚武风气。为了防止民众造反，所以大力提倡角抵这种运动，将其作为娱乐，以使人们宣泄暴力。《汉书·刑法志》也记载说："春秋之后，灭弱吞小，并为战国，稍增讲武之礼，以为戏乐，用相夸视，而秦更名角抵……"

在山东省临沂金雀山汉墓中，曾出土过汉代绘有角抵场面的帛画，里面参与角抵的人物被绘制得栩栩如生，在旁边还有一人充当裁判。古人将这幅带有角抵的帛画来陪葬，可见角抵在当时的盛行。

在晋代之后，逐渐出现了"相扑"的叫法。相扑在当时极为流行，各地的人们经常通过相扑来一决高下。《晋书》中有记载，襄城太守曾经对功曹刘子笃说："你们郡里的人不如颍川的人擅长相扑。"刘子笃则回答道："相扑只是低级的技巧，不足以分别两国的优劣。"

隋唐时期，相扑是十分流行的运动，不止在中原地区风靡一时，在西域也广受欢迎。曾经有来自西域的番人，十分擅长相扑，中原一时竟然没有人是他的对手。当时中原有个僧人名叫法通，也很擅长相扑，最终击败了西域番人，因此名噪一时。

相扑这种运动在民间也很受欢迎，在武陵、鄱阳、荆楚一带，人们在闲暇时有两大爱好：在水中喜欢赛船；在陆地上喜欢相扑。春季的时候，他们经常会聚集在草地上，举行相扑比赛，赢了的人十分风光，人们会让他骑上彩马，簇拥而去，围观者络绎不绝，社里还会对其给予奖励。

在唐代的宫廷中，相扑也十分流行，唐玄宗就喜欢在宴饮时观看相扑比赛。唐朝的敬宗李湛耽于玩乐，宫中的相扑比赛十分激烈，经常有人被打破了头或折断手臂，比赛一直持续到深夜一更、二更的时候才结束。

宋代的时候，相扑大致可分为专业和业余两种。专业的相扑一般设有擂台，参加者在台上比赛，竞争激烈。据《梦粱录》所载："若论护国寺南高峰露台争交，顺择诸道州郡膂力高强，天下无对者，方可夺其赏。"相扑中胜者的受赏物品一般有旗帐、银杯、彩缎、锦袄、官会（钞票）、马匹等。

业余的相扑则是在瓦舍勾栏等娱乐场所进行表演，更多的是茶余饭后的一种娱乐活动，但依然受到人们的广泛关注。

宋朝的宫廷之中，有御用的相扑手，他们来自御前卫队中的军士，名为"内等子"。在民间的职业相扑手，一般都有各自的名号。比如《水浒传》中，在梁山一百零八将中排名第九十八的焦挺，就出身相扑世家，外号叫"没面目"。他的相扑技艺十分高超，曾经连着将李逵摔了两跤。

梁山中的另一个好汉，外号“浪子”的燕青也十分擅长相扑。当时有一个叫任原的人，十分擅长相扑，外号“擎天柱”，对外宣称“相扑世间无对手，争跤天下我为魁”。任原曾在泰安州东岳庙摆下擂台，挑战天下英雄，结果被燕青击败。

宋朝时还有女子相扑，一般都是在瓦舍勾栏中表演。实际上，早在三国时期，东吴的国主孙皓就曾“使尚方以金作金步，摇假髻以千数。今宫女著以相扑，早成夕败，辄命更作”。

宋朝的女子相扑十分讲究技巧，当时有很多著名的女相扑手，如韩春春、绣勒帛、锦勒帛、赛貌多、侥六娘等。女子相扑时的打扮与男子相同，也裸露脖颈臂膀等处，当时有人看不惯，将女子相扑斥为“女子裸戏”。不过，女子相扑在当时却颇为流行，就连宋朝的皇帝宋仁宗也观看过女子相扑，还曾对获胜者给予奖励。

清代摔跤图

明代之后，人们多将相扑称为“摔跤”。摔跤在满语中称为“布库”，清朝时宫中还有专门的摔跤部门，称为“善扑营”。

从最初的角力，到后来的摔跤，这种运动贯穿了中国几千年的历史，长盛不衰。今天，摔跤运动依然流行，并且融入了更多新的元素，依然被人们喜爱着。

古代的1两银子究竟是多少钱

在今天的影视剧中，经常出现这样的场景，某位土豪在买东西时，扔出1锭银子，并很阔气地说："不用找了。"卖东西的小贩随即点头哈腰，千恩万谢。但实际上，这种情形在古代几乎是不可能出现的，古人买东西时不太可能用成锭的银子支付。

在古代，银是稀有的金属，由于开采及提炼的技术限制，市面上流通的白银非常少。宋代时，由于要为辽、金等国输送大量的岁币，白银的开采规模才逐渐扩大。《续资治通鉴》中记载："辽主及萧太后闻之，意稍息，但欲岁取金币，利用许遗绢二十万匹、银十万两，议始定。"古代日常流通的钱币多为铜币，即便如此，一直到南北朝时，在交易中以物易物仍是很常见的现象。

古代的银元宝（清代）

在中国出土的银锭，最早可以追溯到汉朝的景帝时期。之后的历朝历代都曾铸造银锭，但其流通不广，形状也各异，有圆形、条形、方形等，称呼上也有区别，有银饼、银挺等多种叫法，宋代以后才称为“银锭”。元明清时期，银锭的形状逐渐统一为马蹄形，也称为“元宝”。

在古代，银子作为金钱大量流通是在明清以后。这得益于欧洲人对新航路的开辟，他们在美洲开采了大量白银，后来这些白银又通过对外贸易流入中国。明清以前虽然也用银子购买物品，但用的大都是一些碎银子，就是比较小的银块。人们外出时，通常会用布将这些碎银包裹，随身携带。与此同时，人们还会携带一种特制的剪刀，专门用来剪银子，在古代的各种店铺中，都有用来称量碎银子的秤。

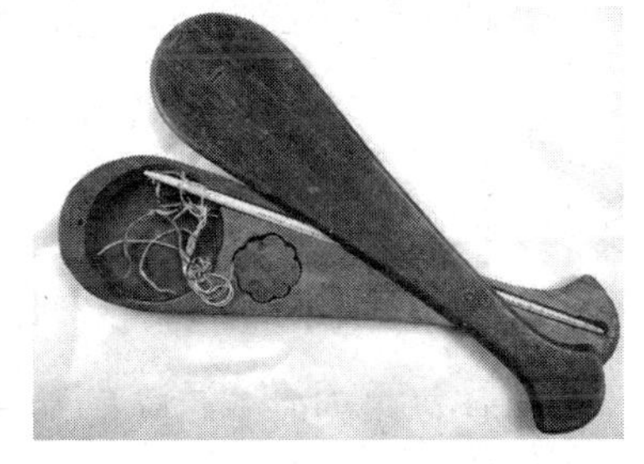

古代称量散碎银子的工具

剪银子是个技术活，对所用银块的体积要有一个预估，如果这个预估不准，就需要裁剪多次，十分麻烦。但古人在使用碎银子的同时，练就出了非常准确的预估能力，就算是几岁的孩童，也能非常准确地估量出所剪碎银的重量，这令初到中国的外国人十分惊讶。明代时，一位来华的神父曾记载：“每个中国人做这件事情（剪银子）时都非常熟练，如果需要二钱银子或者五厘银子，他们往往一次就能剪下准确的重量。”

那么，由此就产生出一个问题：1 锭银子是多少钱呢？这个问题的答案不固定，不同朝代、不同时期均有差异。银锭的重量，有 2 两、10 两，甚至 50 两之多。那么，1 两银子又是多少钱呢？同“锭”这个计量单位一样，“两”在不同时期其代表的重量也不同。汉代刘向在《说苑·辨物》中记载：“十六黍为一豆，六豆为一铢，二十四铢重一两，十六两为一斤。”

在今天，1 两是 1 斤的 1/10，10 两即 1 斤。在常用的重量单位中，其换算如下：10 两 =1 斤 =0.5 千克（公斤）=500 克。那么今天的 1 两就是 50 克，1 斤是 500 克。

在古时的所有朝代，1 斤都是 16 两，古代有一个成语叫“半斤八两”，即来源于此。如果将“两”换算成今天所用重量单位“克”的话，不同朝代的换算结果差异很大。汉朝时 1 斤是 200 多克，所以汉朝时 1 两应是 10 多克；唐朝时 1 斤将近 600 克，那么 1 两就是 30 多克。所以，要搞清 1 两银子是多少钱，先要弄清这些计量单位之间的换算。

除以上所述外，要搞清 1 两银子值多少钱这个问题，还应对古今的购买力有一个大致的了解。古代民以食为天，其他东西可以没有，食物却一日不可少。所以，古代常以米价作为衡量购买力的标准。今天的食物种类已经很丰富，米价不再是衡量购买力的唯一标准，不过为了便于理解，本文中就姑且以米价作为标准来估算一下。

古代的米通常用“斗”或者“石”（dàn）来计算，10 斗 =1 石。需要注意的是，“斗”和“石”是体积单位，不是重量单位。今天我们买米是按重量单位的“斤”或者“千克”来计算，这一点与古时大不相同。

古人在支付时通常使用铜钱，以唐贞观年间为例，1 斗米的价格是 5 文钱，1 文钱就是 1 个铜钱。除此以外，还有“一贯钱”的叫法。一贯钱就是 1000 个铜钱，为了携带方便，用绳子把铜钱串起来，所以一贯钱又叫“一吊钱”。

古时 1 两银子通常相当于 1 贯钱，因此贞观年间 1 两银子等于 1000 文钱，可以买 200 斗米，即 20 石米。当时 1 石大约为今天的 59 公斤，所以 1 两银子能买 1180 公斤米。按 2021 年初米价每斤 2.78 元计算，每公斤米即 5.56 元，1180 公斤米是 6560.8 元，所以那时的 1 两银子相当于今天的 6560 元左右。

不过这种估算其实并不准确，唐中期以后通货膨胀加剧，米的价格翻倍，1 斗米要 10 文钱，所以当时的 1 两银子只相当于今天的 3280 元左右。

以上的换算还是在唐朝，算是比较稳定的了。宋朝时更乱，仅是一贯钱的数量，就有 480 文、700 文、1000 文等多种规定。我们这里姑且按照 1 两 =600 文计算。以宋仁宗年间米价 1 石 600 文左右计算，据沈括的《梦溪笔谈》记载：“凡石者以九十二斤半为法，乃汉秤三百四十一斤也。”那么，宋代 1 石合

92.5 宋斤，而宋代 1 市斤相当于现在的 640 克，因此当时一石大米的重量相当于 59200 克，即 59.2 公斤，同样重量的大米在今天的价格是 329.15 元。

可以看出，同样是 1 两银子，在宋中期时的购买力相对于唐中期，几乎缩水了十倍左右。明朝时米价比较便宜，在万历年间，1 两银子可以买 2 石米，明朝时 1 石米的重量大致相当于现在 95 公斤左右，按照今天的米价，明朝时 1 两银子相当于今天的 1056 元左右。

在古代，哪怕是同一朝代，甚至同一皇帝在位的不同时期，米价都是不断变化的，所以这种计算方法并不准确，但可以大致看出银两在古时的购买力。

明清的鬼市可以买到什么

“鬼市”这个名字听起来有些恐怖，但实际上与鬼却毫无关联，准确地说叫“黑市”或“早市”更适合些。鬼市的交易时间一般都在黎明时分，天亮之前就会收市，其交易时间一般是在今天的凌晨三点到五点。

关于“鬼市”这一称呼的由来，有几种说法：一是源于其交易的时间；二是鬼市中的物品鱼龙混杂，真伪难辨，里面的门道很多，故称“鬼市”；三是鬼市最初交易的地点都比较偏僻，凌晨时鬼市灯影忽明忽暗，里面的人来来往往，远远望去如同鬼魂游荡。鬼市名称究竟来源于哪一种说法，我们不得而知，不过以上几种说法似乎都有各自的道理。

人们去鬼市的时候，不说“逛”或者“去”，而说“趟鬼市”，有摸着石头过河蹚蹚深浅的意思。那么，鬼市为何选择这样特殊的一个时间交易呢？主要还是鬼市中交易的物品问题。

古时一些大户人家由于种种原因家道中落，为维持生计只好将家中的一些物品拿来变卖，但这毕竟是不光彩的事，为了避免被人认出，只好将物品拿到鬼市交易。在鬼市中，一般都将灯火调得比较暗，有的甚至就摸黑交易。在鬼市中就算带着灯笼，也只能照物品，不能照人。

还有一个原因，即鬼市中交易的物品可能是非法所得，有偷来的、抢来的，甚至盗墓得来的。鬼市的交易选择在凌晨时分，这可能亦是其中一个原因。鬼市交易中有一个潜规则，就是不能问物品的来源，在鬼市中询问物品来源的人，基本都是新手，不只会被骗，甚至会被加入黑名单。

还有比较重要的一点就是，鬼市中的东西良莠不齐，以假乱真者颇多。清代纪晓岚在《阅微草堂笔记》中曾记载，当时的人多用高丽纸冒充皮裘，用泥做的酱鸭以次充好。在鬼市中无论买到真货还是假货，赔了还是赚了，都必须接受，不能在事后找人索赔。

在晚清《诡秘奇闻录》中，曾记载过这样一个故事：一个书生在鬼市中只花了四两银子就买到一件崭新的羊皮袍子，他十分得意，回去以后向人炫耀。人们提醒他鬼市中的东西假货很多，还是仔细检查一下的好。结果书生仔细检查后，发现这件袍子原来是用牛皮纸做的，他很不忿，第二天又跑去鬼市摆摊，将这件袍子以六两的价格卖了出去。这下书生高兴了，这一来一去，不仅没有赔钱，还赚了二两银子。但周围的人又提醒他，鬼市上的骗术很多，还是先检查一下银子吧。结果书生将银子拿到银铺中检查后，才发现银子中被灌了很多铅。

在鬼市中，衣服是最常见的交易物品，清乾隆年间久居北京的吴长元所著《宸垣识略》中记载："东晓市在半壁街南，隙地十余亩，每日寅卯二时，货旧物者交易于此，惟估衣最多。"因为鬼市中常常摸黑交易，所以经常有人用数百钱就可买到贵重的貂裘，也有人用数十金却只买回去一些破烂衣服。

在鬼市的交易中，还有一个原则就是先来后到。前面的人未完成交易时，后面的人不可以插队，也不能插嘴去品评物品的真假与好坏，更不能与排在前面的人争买物品。只有当前面的人放弃购买时，排在后面的人才有资格进行交易和品评。

早在明代时，就有了关于鬼市的记载，明朝诗人谢肇淛在《五杂俎》中写道："务本坊西门有鬼市，冬夜尝闻卖干柴声。"从这段记载中可以看出，在当时冬季的鬼市中，柴火是主要的交易物品之一。但鬼市可交易的物品远不止于此，古玩、字画、金银首饰等物也是鬼市中常见的交易物品，甚至柴米油盐等日用百货也常出现在鬼市中。

今天，在国内的某些地区，依然存在着鬼市，北京东五环的大柳树市场就是比较著名的鬼市。但今天的鬼市与古时已大不相同：首先，如今的鬼市交易时间已经改变，是从前一天的下午五点左右一直持续到第二天的凌晨两点左右；其次，今天鬼市中交易的商品五花八门，已不局限于二手物品或古玩等物。再次，今天对鬼市的管理更加规范，当年鬼市的一些规则早已不复存在，现在的鬼市更像是一种特殊的地摊市场。

近年来，随着大城市地价越来越贵，在寸土寸金的城市中，鬼市的存在空间被严重压缩。电子商务的崛起，也分食着鬼市的市场，鬼市已不复当年的热闹，但是鬼市中的一些特点，在这些新的平台上依旧存在。或许，鬼市并没有衰落或者消失，只是换了一个舞台而已。

身价高昂的大宋厨娘

“脑袋大，脖子粗，不是大款，就是伙夫。”这句小品中搞笑的话，在一定程度上反映出现代饮食行业中男厨师的境况。颠勺炒菜既是技术活，也是体力活，在这一点上，男厨师确实要比女厨师具备些先天优势。

但在宋朝时，男厨师这种先天优势似乎并不能帮助他们在饮食业独占鳌头，因为在大宋厨艺界，撑起整片天的，主要还是女厨师。在颇讲究吃喝的宋人眼中，厨师不仅要厨艺高，也要颜值高，这就为厨娘崭露锋芒提供了必要条件。

洛阳关林宋代墓葬中曾出土了一块雕砖，其上雕刻的便是三位厨娘做菜备宴的场景。其中有一位厨娘正在料理锅中的食物，另外两位厨娘正在将酒倒入温酒器中。在她们面前的餐桌上，整齐摆放着碗、盘、杯、盏等餐具。桌子前方还有两位侍女模样的人，一个在捧着餐具等待，一个则已经开始运送菜品。

除了这块雕砖外，宋代的许多墓葬壁画中，都绘有厨娘下厨备宴的场景。年轻的厨娘不仅容貌姣好，做菜手艺也是一绝，这种才色俱佳的特质让她们在大宋饮食界很是吃香。

宋代时，富贵人家在摆宴席时，往往要聘请很多厨师，其中一定会有一两位技艺高超、面容姣好的厨娘。

宋墓厨娘砖刻拓片

有需求就会有市场。富贵人家对厨娘的需求，不仅影响了当时的饮食行业，还深刻影响了当时的社会风气。原本看重男娃的普通百姓，纷纷开始培养起自家的女娃娃来。

寻常百姓家生下女儿后都会百般爱护，同时还会特别注意培养女孩的厨艺。这样等女孩长大后，一旦被富贵人家相中，聘为厨娘，全家人的吃喝用度就不用发愁了。一个普通百姓家若是培养个厨娘出来，便可保一家人温饱，如此来看，厨娘在宋代真可以说是端着金饭碗的行当了。

说是端着金饭碗，但没有个事例进行说明，也不知道这个“金饭碗”的含金量到底有多少。在宋代做厨娘到底有多赚钱呢？一个比较直观的例子发生在宋理宗主政时期，当时的某位太守家甚至都请不起一位颇具水平的年轻厨娘。

据传，这位太守因病在家休养，吃了几天家中厨师做的“粗饭”后，便开始怀念起自己在宫宴中吃到的厨娘所做的美食。思来想去，几经周折之后，他托朋友在京都找到了一位手艺颇好的年轻厨娘。

厨娘是找到了，但想把厨娘请到家，却并没那么容易。这位厨娘在距离太守家二三公里的地方停下脚步，修书一封让太守派车轿来接。如此大的派头，却并没有让太守放弃，为将厨娘请到家，太守也不敢怠慢，很快便答应了厨娘的要求。

几日后，太守的几位朋友来到家中吃饭，厨娘主动请缨要下厨备宴。到了后厨，厨娘让人准备上好羊头十个，一个羊头只剔下两块肉后，便弃置一旁，这样十个羊头只做了五份羊肉菜品。其余食材也被厨娘“去粗取精”，只留少许精华部分，其余部分皆被弃置。

晚宴之上，太守的朋友们品尝过菜食后竞相称好，纷纷向太守询问厨娘的来历。宴席过后，厨娘前来拜见太守，向太守请赏钱。大喜过望的太守忙叫人查找相关赏赐标准，谁知厨娘自己拿出了几张纸片，上面记录着她在其他各处备宴获得的赏赐，最少的一次也是三百贯钱。

三百贯钱！这可让太守大吃一惊。但为了面子上好看，太守还是赏了厨娘一大笔钱。过了不到一月，太守便找了个理由将厨娘送走了，是厨娘的手艺不好、架子太大吗？私下里，太守跟朋友抱怨道：“这厨娘手艺虽好，但不是大富大贵的人家，还真是请不起。”原来是太守也养不起这样水准的厨娘了。

当时的太守相当于现代地级市的市长，市长级别的官员，想要聘请一位年轻貌美、厨艺上佳的厨娘也是要“三思而后行”的。一位厨娘尚且让太守头痛，那同时聘请多位厨娘备宴，岂不要让太守倾家荡产吗？如此来看，宋代厨娘的身价不可谓不高。可究竟是什么样的高超技艺能让她们有如此高的身价呢？难道她们能够化腐朽为神奇，完成“无米之炊”吗？

宋代评价厨师的标准是非常多的。技艺高超的厨娘通常能够掌握多种厨艺，身价稍微低一些的厨娘会的厨艺要相对少一些。但她们必定要有一门手艺来证明自己的身价。

刀工是厨师众多手艺中的一项，一位厨艺高超的厨娘，首先要掌握的便是“斫鲙之技”。所谓“斫鲙之技”，便是现代的薄切生鱼片技术。古人认为在切生鱼片时，下刀的节奏要平稳有序，切出的鱼片要薄如丝缕。能做到上述要求的厨师，其刀工才能得到认可。

北宋时期梅尧臣家便有一位厨娘，非常擅长切生鱼片，欧阳修等人每次想要吃生鱼片时，都会拿着鱼前往梅尧臣家。苏轼更是喜欢观赏厨娘斫鲙的情景，“运肘风生看斫脍，随刀雪落惊飞缕”就是对厨娘斫鲙风采的描绘。

除了刀工外，摆盘也是厨娘的一项重要手艺。北宋时期一位叫作梵正的尼姑，不仅厨艺了得，摆盘装饰更是一绝。她曾运用炸、腌、酱等手法，将瓜蔬等食材烹制成菜肴，而后又根据不同菜品的色泽样式，将其摆拼成山、水、楼、台等各式景物。将这些菜品合成一桌，正是王维在《辋川图》中所画之场景。

可以看出，大宋厨娘在厨艺上是丝毫不逊色于男厨师的。厨艺高超而又美貌过人，这样的厨娘即使架子大一点，也是合情合理的。

古代开运动会有哪些项目

体育运动在中国有着悠久的历史，在秦汉时期就已经开展过大规模的体育活动。隋唐时期，中国疆域辽阔，文化开放，世界各地的人聚集于此，体育运动也更加丰富多彩。那么，假如古人开运动会的话，都会有哪些项目呢?

射箭是古代重要的体育活动，古人十五岁时，就要学习射御。在西周时的乡校称为“序”，《孟子译注》中记载：“序者，射也。”那时的学校，就是习射之地。《古今图书集成》中也说道：“唯有射者，男子之事。”

古人学习射箭有两重目的：

一是无事之时可用于礼乐。在周代的贵族教育中，有六种必学的技能，称为“六艺”，其中之一就是“射”。《礼记》中写道：“射者，仁之道也。射求正诸己，己正而后发。发而不中，则不怨胜己者，反求诸己而已矣。孔子曰：‘君子无所争，必也射乎。揖让而升，下而饮，其争也君子。’”

由此可见，古人在这个活动中还可以看出一个人的品性。人们遵守秩序，互相谦让，即使输给对手也不怨恨，颇有些现在“友谊第一，比赛第二”的味道。

二是用于军事。这是学习射箭的一个重要作用。骑射是古代战争的重要组成部分，在军队中也经常通过射箭来选拔人才。唐代诗人杜甫就十分擅长射箭，他在一次与好友苏源明外出打猎的时候，曾一箭射落天上的鹙鸧，这是一种类似秃鹫的猛禽，可见杜甫射艺的精湛。杜甫在回忆自己经历的《壮游》一诗中写道：“呼鹰皂枥林，逐兽云雪冈。射飞曾纵鞚，引臂落鹙鸧。”

苏源明认为杜甫的射技就像晋朝时山简的部将葛强那样强悍，这种赞美应是名副其实的。杜甫在《前出塞九首·其六》中，对射箭的技巧做出了更明确的说明，此诗亦是脍炙人口的佳作：“挽弓当挽强，用箭当用长。射人先射马，擒贼先擒王。”

在古时，击剑也是一项重要的运动。练习击剑既可以用来自卫，也可以用来强身健体。早期的古人一般都有佩剑的习俗。古时的剑道也与个人的修养紧密相连，《吴越春秋·勾践阴谋外传》中说剑道“其道甚微而易，其意甚幽而深”。并指出剑术之要和斗剑时的进退纵横之法：战斗时要精神贯注，从容不迫，观察进招的形态；动时迅速敏捷，静止动作沉稳，如渊停岳峙。

古代的剑术可分为两类：一类是用于搏击、御敌的武术。唐代诗人李白的剑法就十分高超，他早年曾仗剑游历江湖，行侠仗义。李白在《侠客行》一诗中曾写道：“十步杀一人，千里不留行。

事了拂衣去，深藏身与名。”这正是侠客生活的写照。在另一首诗《白马篇》中还写道：“酒后竞风采，三杯弄宝刀。杀人如剪草，剧孟同游遨。”诗中将侠客的豪迈干云、不拘礼法表现得淋漓尽致。

还有一类是用来比赛和表演的剑术。三国时周瑜曾举办“群英会”，在会上就曾舞剑作歌，其歌名曰《丈夫歌》：“大丈夫处世兮，立功名，功名既立兮，王业成。王业成兮，四海清，四海清兮，天下太平。天下太平兮，吾将醉，吾将醉兮，舞霜锋。”周瑜此时表演的就是剑舞，而不是与敌战斗的剑术。

唐代时，公孙大娘是著名的剑舞高手。诗人杜甫幼年时曾见识过公孙大娘的剑舞，晚年时他在四川夔州又遇见一位擅长舞剑的高手李十二娘，问过之后才知对方是公孙大娘的徒弟。杜甫十分感慨，随即写下《观公孙大娘弟子舞剑器行》一诗，开头几句如下：“昔有佳人公孙氏，一舞剑器动四方。观者如山色沮丧，天地为之久低昂。”

古代的球类运动也十分盛行，最常见的是蹴鞠。“蹴”就是用脚踢的意思，“鞠”就是球。相传蹴鞠是黄帝发明的，在战国时代，蹴鞠就已经十分流行了。在当时齐国的都城临淄，无论男女老少皆会蹴鞠。

蹴鞠这种运动的好处是不分阶层，贵族可以玩，乡下少年亦能玩耍。早期蹴鞠用的球是在皮壳内填充一些毛发。明《太平清话》记载："踏鞠始于轩后，军中练武之剧，以革为元囊，实以毛发。"蹴鞠的场地与今天的足球场类似，呈长方形，一般为东西向，在南北两侧还设有观众席。

古代蹴鞠图

在唐代的蹴鞠中，就已经出现了充气的球。唐代仲无颇的《气毬赋》中就写道："气之为球，合而成质。俾腾跃而攸利，在吹嘘而取实……时也广场春霁，寒食景妍。交争竞逐，驰突喧阗……"唐代的很多诗人如王维、白居易等都喜欢蹴鞠。

唐代的女性也十分热爱蹴鞠，据说当年一个少女路过长安城的胜业坊北街时，军中少年正在玩蹴鞠，不小心将球踢到少女的脚边，少女抬腿"接而送之，直高数丈"，顿时引来众人围观。

除蹴鞠外，打马球也是古代著名的体育运动，在唐朝时尤为盛行。诗人韩愈在《汴泗交流赠张仆射》一诗中，描写了节度使张建封组织、参与马球游戏的情形。其中有几句写道："分曹决胜约前定，百马攒蹄近相映。球惊杖奋合且离，红牛缨绂黄金羁。侧身转臂著马腹，霹雳应手神珠驰。"

总的来说，古代的体育运动多种多样，前面提到的不过是其中的一部分而已。

古人爱养什么宠物

宠物在今天的人类生活中，占有重要的地位，很多人甚至自称“狗奴”“猫奴”“铲屎官”等。那么，人类是从何时开始豢养宠物的呢？古时的人们又会养哪些宠物呢？

狗被称为“人类最忠实的朋友”，人类驯养狗的历史久远到出人意料。这一过程可以直接追溯到原始社会时期，在新石器时代，人们就已经开始养狗了。在浙江余姚河姆渡遗址，就曾发现了狗的骨骼。陕西西安半坡遗址出土的狗骨，头骨较小，额骨突出，肉裂齿小，说明是经过长期驯化的，外形已经与狼有了显著区别。

古人最初养狗的目的恐怕不是作为宠物，狗可以看家护院，可以食肉，还可以用来祭祀。在我国古代，狗是“六畜”之一。《孟子·梁惠王上》云：“鸡、豚、狗、彘之畜，无失其时，七十者可以食肉矣。”不过，狗并不是古代肉食的主要来源。

在古代文献中，还有很多用狗祭祀的记录。《史记》中记载，某些地方的人会在初伏的时候，通过杀狗来抵御热气蛊毒。其中还记载，秦德公曾经将狗磔杀之后，埋在四方的城门下，因为民俗中相信狗可以甄别主人与客人，将狗埋在门下，可以防盗贼。汉代时还有将白狗血涂在门上，用来辟邪的习俗。

在今天，这些用狗祭祀的习俗基本上已经消失了，但狗已经深深融入中国的文化中，十二生肖中就有狗的存在。中国的成语中，也有很多与狗有关，如狐朋狗友、蝇营狗苟、狗尾续貂、狼心狗肺、白云苍狗等，不胜枚举。

古画里的狗

猫也是古代常见的宠物，人类驯化猫的历史要比驯化狗晚很多，而且直到今天，猫仍未被完全驯化。关于“猫”这个称呼的来源，宋代陆佃的《埤雅》中曾做过解释：“鼠善害苗，而猫能捕鼠，去苗之害，故猫之字从苗。”

在古代小说《三侠五义》中，包公身边有一个护卫名叫展昭，他武艺高强，曾在天子面前展示武艺，先后表演剑法、暗器和轻功。他的轻功十分高超，顺着阁楼的柱子爬到房顶，皇帝看后十分惊奇，说道："这哪是人啊，分明是朕的御猫一般。"从此，展昭"御猫"的称呼传遍天下。

古代的很多诗人也是喵星人的粉丝，南宋时的陆游就是其中一例。陆游的很多诗都与猫有关，如《得猫於近村以雪儿名之戏为作诗》："似虎能缘木，如驹不伏辕。但知空鼠穴，无意为鱼餐。薄荷时时醉，氍毹夜夜温。前生旧童子，伴我老山村。"

《双猫图》（宋代）

在中国的文化中，鹤是吉祥的象征，所以古人也很喜欢养鹤。鹤作为宠物的历史也很久远。古人喜欢听鹤的叫声，《诗经》就有"鹤鸣九皋，声闻于天"的诗句。春秋时期，卫国的国君卫懿公就十分喜爱养鹤，甚至到了痴迷的地步，他不只给鹤准备了专门乘坐的车子，而且还赐给鹤俸禄和官位。卫懿公长期沉迷享乐，荒废了国政，国中的臣民都对他十分不满。等到赤狄攻打卫国的时候，卫懿公准备派兵抵抗，国人却说："鹤享有俸禄官位，让鹤去抵御狄人吧，我们哪里能打仗？！"

西晋时著名的文学家、书法家陆机也是鹤的爱好者，后来陆机遭遇诬陷，被成都王司马颖杀害，临死前感叹道："华亭的鹤鸣声，哪能再听到呢？"

说到对鹤痴迷的古人，就不得不提北宋的诗人林逋。林逋在西湖孤山隐居，终生不仕不娶，唯喜植梅养鹤，自谓“以梅为妻，以鹤为子”，人称“梅妻鹤子”。传闻林逋经常泛舟西湖，家里有客人来的时候，他家中的童子就将鹤放飞，林逋见到飞鹤，就会回到家中招待客人。林逋流传下来的诗篇不多，据说他作诗随意，作好之后就随手弃掉，从来不留存。其诗《山中寄招叶秀才》中写道：“夜鹤晓猿时复闻，寥寥长似耿离群。月中未要恨丹桂，岭上且来看白云。”

值得一提的是，除了喜欢养鹤外，林逋也是猫的爱好者，他曾作有《猫儿》一诗：“纤钓时得小溪鱼，饱卧花阴兴有余。自是鼠嫌贫不到，莫惭尸素在吾庐。”

鹦鹉也是古人非常喜欢的宠物，在汉朝时人们就已经开始养鹦鹉了。东汉末年的名士，曾经大骂曹操的祢衡就作过一篇《鹦鹉赋》。当时祢衡在黄祖手下做事，黄祖的儿子黄射与祢衡十分要好，一次黄射举办宴会，有人送了一只鹦鹉，黄射于是请祢衡作赋，祢衡提起笔来，一气呵成，做了这篇《鹦鹉赋》。在赋的开头是这样写的：“惟西域之灵鸟兮，挺自然之奇姿。体金精之妙质兮，合火德之明辉。性辩慧而能言兮，才聪明以识机。”

古代还有一些人将家禽当宠物养，大书法家王羲之就喜欢养鹅。他认为养鹅不仅能陶冶情操，还能从观察鹅的动作形态中悟到一些书法理论。一次外出游玩时，王羲之看见一群鹅，很是喜欢，想要将其买下，养鹅的道士听说买鹅的是大书法家王羲之，就说："如果王右军（王羲之曾做右军将军，因此又被称为"王右军"）能为我抄一部《道德经》，我就将这些鹅送给你。"王羲之欣然同意，此事亦传为千古佳话。

除以上所述的几种动物外，古人养的宠物还有很多，如马、鹿、蛐蛐、蝈蝈等，甚至还有养大象的。古代的很多皇帝也会养些虎、豹之类的猛兽。古人养的很多宠物在今天都是国家保护动物，如此看来，说不定古人养的宠物种类比今天还要多。

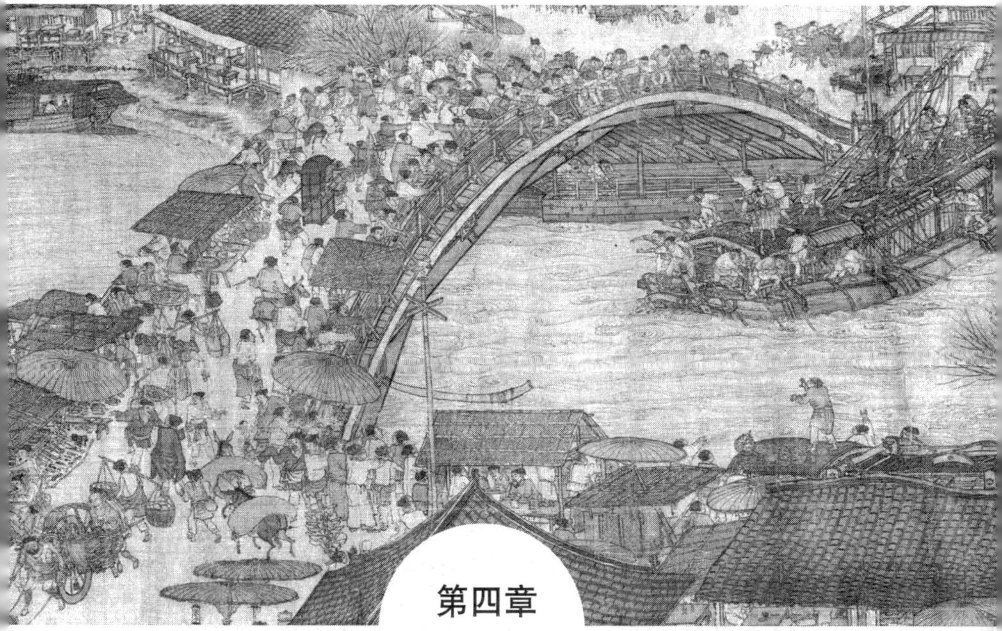

第四章

古人的科技与生活

汉代有一种铜镜能透光

在大汉王朝四百多年的历史中，出现了许多传奇故事，当这些传奇故事为历史的风沙所掩埋后，流传下来的就只有那些巧夺天工的历史文物了。

现存的大汉文物中，有许多有趣的器物，它们虽没有现代器物的智能化，却也都具有一定的特殊功用。正是这些神奇器物的存在，才让大汉王朝成为当时世界上先进的文明帝国。

在大汉的神奇器物中，许多器物都具有现代智能产品的一些功用。比如：雁鱼铜灯、长信宫灯和铜牛灯，它们的一些设计很像现代的空气净化器；记里鼓车则与现代计算道路里程的工具很相似；水碓是利用水力舂米、去粮食壳皮的工具；青铜卡尺更是与现代测量工具没有多少差异。

除了上面提到的神奇器物外，大汉王朝还有一种可以透光的铜镜。

古代人在制作镜子时通常会选择用金属材料，铜锡合金是较为常用的镜面材料，古人说的铜镜大多是用这种金属材料制成的。

在制作铜镜时，古人会先制作一个铜盘，然后把铜盘的一面磨光，光滑的铜面可以反射光线，于是就可以拿来当镜子用了。

到了汉代，人们又发明了一种新型铜镜，从表面上来看，这种铜镜跟普通的铜镜并没有什么区别，但是当阳光照到镜面时，镜子背面的铭文、图案，甚至用来穿带的镜纽就都会反射在墙上，由于这种神奇现象的存在，人们便将这种新型铜镜称为“透光镜”。

西汉的透光镜

我们知道玻璃是可以透光的，铜是不透光的，但为什么太阳光照到透光镜反射到墙上后，铜镜背面的纹饰会出现在墙上呢？

北宋学者沈括在《梦溪笔谈》中是这样记载的：

世有透光鉴，鉴背有铭文，凡二十字，字极古，莫能读。以鉴承日光，则背文及二十字，皆透在屋壁上，了了分明。人有原其理，以谓铸时薄处先冷，唯背文上差厚，后冷而铜缩多。文虽在背，而鉴面隐然有迹，所以于光中现。予观之，理诚如是。然余家有三鉴，又见他家所藏，皆是一样，文画铭字无纤异者，形制甚古，唯此一样光透，其他鉴虽至薄者皆莫能透，意古人别自有术。

可以看出，沈括对于透光镜的原理也是十分好奇的。在他看来，这种铜镜之所以能够透光，是因为在铸造时，较薄的地方冷却快，较厚的地方冷却慢，从而使铜镜面出现了不同程度的收缩。纹饰虽然在铜镜背面，但因为镜面薄厚不均，所以才会造成铜镜透光现象的发生。

沈括的解释似乎并不能帮助我们真正解开铜镜透光的秘密，直到现代，经过我国科研人员对这一现象的研究，才真正将铜镜透光的秘密解开。这种铜镜在铸造过程中，镜背的花纹图案凹凸处厚薄不同，经凝固收缩会产生铸造应力，铸造后又经研磨产生压应力，因而形成了物理性质上的弹性形变。当研磨到一定程度时，这种弹性形变发生叠加作用而使镜面与镜背花纹之间产生相应的曲率，从而导致透光现象的发生。这些变化用肉眼是看不到的。

所以，当光线照射在镜子上时，肉眼看到的是照射在了平滑的镜面上，但实际上却是照射在了曲面率不同的镜面上。由于镜面各部分曲面率不同，就出现了不同的反射光线，于是就投射出了花纹或者铭文。透光镜就是这么形成的。

原来，这种透光镜之所以能够透光，原因就在于镜子的曲面率是不同的。

那些无法解释的“逆天”文物

辉煌中华史，上下五千年，在这五千年的历史长河中，埋藏着数不清的奇珍异宝。这些宝贝很多都反映了当时人们的社会生活水平和生活方式，但也有一些器物是与当时的时代，或者说是科学技术水平所不相称的。直到现在，还有一些已经出土的文物是用现代科技也无法解释的。

第一件文物：战国青铜曾侯乙建鼓底座。

战国青铜曾侯乙建鼓底座

谁也不曾想到，战国时期的一个小小诸侯国，会在几千年后因为一座墓穴而名扬世界。自从1978年曾侯乙墓开启后，墓中出土了各类随葬品约15404件，曾侯乙编钟算是众多随葬品中名气最大的一个。但若要选出最让人觉得不可思议的那个，就非曾侯乙建鼓底座莫属了。

这件青铜器物可以说是我国古代青铜冶炼技术的巅峰之作。这一底座整体镂空，镶嵌有绿松石，由八对大龙和几十条小龙纠缠在一起，龙身互相纠缠，向上攀爬，让人眼花缭乱。这种眼花缭乱的感觉，使人数不清楚整个底座上究竟有多少条小龙，只要换一个不同的角度去观察，得到的数量结果就可能会不一样。

在铸造方法上，国内外一些冶金专家认为，这件青铜器主要采用了失蜡铸造法，也就是现在冶金业常说的熔模精密铸造法。这种铸造方法常用来铸造一些精密器物，对铸造技艺的要求是相对较高的。

这件青铜器物是国家一级文物，曾在不同场合展出过。一般来说，对外展出的国宝大多是复制品，以免一些不可预知的因素对国宝造成损害。但这件国宝到现在也没有一个合格的替代品，因为每一件复制品与原件对比后都能看出不小的差别，也没有一件复制品能够独得原件的神韵。

第二件文物：战国时期的一个水晶杯。

如果在古墓中看到一个跟现代杯子相差无几的水晶杯，你是不是会想：完了，这个墓已经被盗了，盗墓贼把喝完水的杯子都留下了。如果抱有这种想法，那你很可能会错过一个重大考古发现，因为这个很现代的杯子很可能来自战国时期！

在我国古代，青铜制品很常见，但是玻璃制品却鲜有所闻，尤其还是战国时期的器物，那就更让人觉得不可思议了。但是在1990年，在浙江杭州半山镇的一个战国古墓中，就出土了一个无论外形还是技术都堪比现代科技制造的水晶杯。

这个水晶杯与现在的敞口玻璃杯非常相似，杯身简洁、透明而无纹饰，呈淡琥珀色，表面经过抛光处理，杯子中部和底部有海绵状自然结晶。

战国时期的水晶杯

经过相关专家鉴定发现，这个水晶杯是用一整块水晶打磨而成的。要打磨如此大个头的水晶器皿，对工匠的技艺水平要求是比较高的，而能找到如此一大块高品质水晶，也是十分难得的。

第三件文物：王莽青铜卡尺。

游标卡尺是一种测量内外径长度的工具，这一现代科技的产物，其实早在汉代王莽时期就已经出现了。

1992年，考古学家在扬州市的邗江县（今为邗江区）甘泉乡发现了一座汉代古墓，从该古墓中发掘出了一把青铜制的卡尺。这件卡尺，通长13.3厘米，固定卡爪长5.2厘米、宽0.9厘米、厚0.5厘米。在固定尺上端有鱼形柄，中间有一个导槽，槽内是一个可以旋转调节的导销，能够顺着导槽左右移动。

王莽青铜卡尺

从整体形制上来看，这件青铜卡尺与现代的游标卡尺非常相像，只是在应用上存在些许不同。这件青铜卡尺的出土为研究我国古代科技、数学和度量衡的发展历史提供了重要实例，具有极高的考古学价值。

没有涂改液，古人写错字怎么办

古代的时候没有铅笔、橡皮，也没有修正液之类的工具，但写错字是免不了的事。那么，古人写错字了该怎么办呢？

在早期的时候，还没纸张，或者纸还没被广泛使用。这时人们主要在竹简上书写，由于竹简有一定厚度，所以如果写错了字，一般用小刀等物将错字刮去，在原来的位置写上正确的字即可。如果墨迹尚新，还可以直接用水洗去。

在纸张普及了以后，这种刮掉错字的方法就不好用了。因为纸张比较薄，刮的话容易弄破纸张。沈括在《梦溪笔谈》中提到改错字的几种方法时就曾评价“刮洗则伤纸”。在纸张普及之后，人们在正式书写之前，一般都会打草稿，尤其是古人在作诗填词或写文章的时候，需要反复推敲修改，然后才能确定好所作的内容。草稿写好之后，再将已经写好的内容誊写到正式的纸张上。

不过，就算誊写或者抄写时，也会有失误。如果不是特别正式的文件，出现错字一般直接划掉。在王羲之的《兰亭集序》中，就有很多涂抹、划改的痕迹。当然，现在流传的书法作品《兰亭集序》究竟是否出自王羲之之手还存在争议。

《兰亭集序》

古代还有一种方法，就是在错字右下角点上几个圆点，表示这个字作废。除此以外，还有一种方法是在错字的右下角写一个“卜”字，也表示这个字作废。

在苏轼的《黄州寒食帖》中，“何殊少年子”一句，“子”这个字是多余的，它的右侧就有几个点，表示这个字不要了。另外，这句的正确句应是“何殊病少年”，苏轼在这一句中还漏写了一个“病”字。在北宋书法家米芾的《苕溪诗帖》中，有“缕会玉鲈堆案”一句，这句多写了一个“会”字，所以在“会”字右下角有个很小的“卜”字，表示这个字是误写，不计入正式的内容中。

那么，古时就没有修改错字的工具吗？有的，而且还不止一种。古代是有一种纸贴的，可以贴在错字之上，其用法类似今天的改正纸或修正带。不过古代的纸贴有个缺点，就是粘得不牢，很容易掉。

《苕溪诗帖》

还有一种方法是粉涂，就是用铅粉之类涂在错字上。不过这种方法也有一个缺点，就是涂上去的粉末通常无法完全掩盖住错字，需要来回涂很多遍，而且纸上涂了一块粉看上去也不美观。

古代有一种名为“雌黄”的物品，它是一种矿石，成分与雄黄类似。在中国古代，雌黄经常用来修改错字。宋代沈括在《梦溪笔谈》中记载：“馆阁新书净本有误书处，以雌黄涂之……唯雌黄一漫则灭，仍久而不脱。古人谓之铅黄，盖用之有素矣。”从这段记载可以看出，雌黄在修改错字时是比较好用的，只涂一遍就能盖住错字，而且保持的时间很长，不易脱落。

古时有一个成语叫“信口雌黄”，形容人随口胡说八道，这一成语的来源就与雌黄的这个用法有关。雌黄的用途很多，除此以外还可以用作绘画的颜料，也可以作为中药用，有解毒、消肿的功效。

当然，在古代写错字时还有一种更简单的应对方法，就是换张纸重写。在早期，这种方法是比较奢侈的，直到南北朝的时候，纸张才比较普及。而且，古代有些纸是很贵重的，如唐代时的硬黄纸。唐代时纸的加工技术得到改进，出现了很多新种类的加工纸张，硬黄纸就是其中一种，也称“黄蜡笺”。它是通过染色和涂蜡制成的。染色用的黄檗汁还有防蛀虫的作用，因此硬黄纸可以保存得比较长久。

这种硬黄纸比较名贵，一般用来书写经书或者临摹字帖等。唐宋时期的文人就非常喜欢使用硬黄纸。宋赵希鹄《洞天清录集》中载：“硬黄纸，唐人用以写经，染以黄檗，取其避蠹。”

古代的人口普查

无论是在古代，还是现代，人口都是最为重要的资源，“人多力量大”的意义不能只从字面上理解，因为在更深层次上，“人多”所带来的“力量”是涉及方方面面的。

在中国古代，人口是绝对的资源，交赋税靠人、开发边疆靠人、打仗靠人、修宫殿靠人……人多就意味着国家强盛。唐代玄宗朝自夸国力强盛，标志之一就是户口数追上了隋朝的人口数量。

“普天之下，莫非王土；率土之滨，莫非王臣。”各朝帝王都希望自己的臣民越多越好，明太祖朱元璋自然也不例外。在刚刚建立明朝时，为了快速增加国家人口数量，朱元璋进行了一系列改革，比如现在屡屡被提及的山西大槐树移民拓边，将人民从狭窄的地域迁往土地更辽阔的边疆，这种举措就在很大程度上增加了明朝的人口。

那么，大明王朝 276 年的国祚，人口到底曾经达到怎样的规模呢？

一个国家在不同时期的人口数量是不同的，尤其是古代国家，战争、灾难等因素会对人口数量造成较大影响。总体而言，在没有突发的天灾人祸时，一个国家的人口数量变动情况与这个国家的经济发展情况是息息相关的。

举例来说，元朝刚建立时，人口数量大概有6000万人，随着社会经济的发展，到元朝末年尚未发生战乱之时，整个国家的人口数量大概有8700多万。后期由于战争开始，各处战乱频发，民不聊生，等到了明朝建立时，元帝国留给明朝的人口已经减少了接近一半。

当然，这些减少的人口数量并非都是亡于战乱之中，其中有很多是因为户口制度崩溃，有些人口从户籍册上消失了。他们都还好端端地活着，但在户籍上已经没有这个人了。

户籍上不存在的人，自然便不用缴纳赋税，不用服徭役，这对于统治者来说是不可接受的。因此在大明王朝刚刚建立的时候，朱元璋将整治的重点放在了清查“黑户”问题上。洪武三年（1370年），刚刚将政权稳定的朱元璋便下令重新建立户籍制度，要求百姓登记户口，以便于朝廷清查人口数量并进行管理。

洪武十四年（1371年），明朝又建立了“黄册”制度，进一步完善了户籍制度。十年时间的休养生息和人口普查，到此时应该说明朝的户籍人口数量与实际人口数量的差距已经不大了，此时史籍上记录的明朝人口数量为5987万。

此后，稳定的国内形势进一步加快了明朝经济的复苏。洪武二十六年（1393 年）朝廷再次进行人口普查，当时统计出的数据是全国共有人口 6054 万，加上一些没有统计到的人口，大明王朝人口总量应该已经达到了 7000 万上下。这时的人口数量比起明朝初期，已经有了明显的提升。

到了建文年间，靖难之役带来的连年战火，造成了大量人口的流失，又使得当时明朝的人口重新回到了明初的水平。按照建文四年（1402 年）的人口数量统计，当时明朝大概有 5630 万人。而等到永乐皇帝统治时期，明朝的人口数量又重新回到了 6000 万的水平。永乐十年（1412 年）再次进行人口普查时，人口数量已经达到了 6500 万。

到了明朝中后期，人口的增长开始变得缓慢，甚至有时还出现了与建文年间一样的人口负增长情况。例如景泰年间（1450—1457 年），人口统计数量仅仅为 5371 万，正德元年（1506 年）人口数量更是跌到明朝人口的低谷，当时统计的人口数量仅仅只有 4680 万。

为什么大明王朝发展到后期，人口数量却未显著增加呢？其实，主要原因是统计系统出现了问题。

大明户籍事关徭役赋税，只要某人被登记在册，那便需要为国家尽义务，然而如果黄册上查无此人，那便可以逃避义务。在这种情况下，很多聪明的大明人便选择主动销户，花点钱给统计人口的官吏，让自己“早死几年”，这样就不用负担沉重的徭役赋税了。当然，在和平时期或者像明朝初年严查时期，这样做的话，风险还是相当高的。但到了明朝中后期，社会动荡，吏治败坏，一个县府小吏都可以在户籍上动手脚，这更是给了一些人钻空子的机会。

据明朝留下的各种笔记小说来看，明朝前期黄册制度还是十分严格的，平民想要通过查阅黄册来打官司都需要经过县、府等数道申请，但到了中后期，黄册几乎成为废纸，连财政官员都不会依靠黄册来收税了。

而且明朝后期城市工商业发展迅速，大量失地农民涌进城市转变为雇工、佣工，这些人今天在苏州打工，明天便卷铺盖去了杭州，几乎与流民无异。对于这样的人口，朝廷即便想统计也很难统计清楚。

再加上明朝还有大量的“老少边穷”地区，各种羁縻地区，这些地区虽然是大明领土，但却不在大明传统行政体系管理之下，对这些地区进行人口普查所得的效果也是非常有限的。

翻阅《明实录》可以发现，大明王朝人口在万历年间（1573—1620年）达到峰值7185万，这个数字与元朝人口峰值相比还少约1500万。然而据学者考据，此时大明王朝的实际人口应该至少有1.2亿，更有学者提出此时明朝人口应接近2亿。

从实际接近2亿到户籍人口7185万，相差近3倍，看来大明朝在人口普查方面所做的工作还是有所不足啊！

古人用什么来保鲜食物

食物是人类赖以生存的基础，古时百姓最基本的追求就是丰衣足食。那么，假设有了足够的食物，古人如何保存才能让其不变质呢?

想要保持食物的新鲜，首先就是要避免食物内部水分的蒸发，那么就需要足够低的温度。古代没有今天如此发达的科技，创造低温的环境比较困难，最常用到的物品就是冰。但冰并非一年四季都有，所以古人经常在冬季的时候，将冰放进冰窖中贮存起来，等到夏天的时候再用。于是，冰窖就成了贮藏冰与保鲜食物的地方。

冰窖也称为“冰井”，其设置的地点一般选在背光处，通常建在地下，没有窗户，冰窖内部四周修有墙体，密封且不透光。有的冰窖只是一座地窖的形式，还有的冰窖是在屋子之内挖出地窖，这座屋子就称为“冰室”。不过，即使有冰窖的存在，也并不能将温度长期保持在零摄氏度以下，冰窖中的一部分冰还是会融化，所以每年冰窖中都会分多次采集数量比较庞大的冰贮存起来。

在很早的时候古人就已经用冰窖来储存食物了。在《诗经·豳风·七月》中有“二之日凿冰冲冲，三之日纳于凌阴”的诗句，《毛传》中注：“凌阴，冰室也。”在西周的时候，就已经有了专门负责储存冰的官员，称为“凌人”。

在春秋时期，楚国有一个人名叫薳子冯。当时楚国的令尹去世，楚康王想要薳子冯接任令尹；但当时楚国得宠的大臣多，楚王又年轻，国事不太可能管理好。薳子冯不愿出仕，但又不好违抗楚王的命令，于是他就打算装病。这是古人不想做官时常用的办法，但一个人不可能好端端的就重病到无法做官的地步，所以装病也是个有技术含量的活儿。

当时正值盛夏暑天，薳子冯为了装病，在地下挖了个冰窖，不仅住在里面，还在床下放了大冰块以增寒气，再穿上两层棉袍，外面套上皮裘，每天少食多睡，以显示自己病重怕冷。严格地讲，这已经不是装病，而是装疯了。楚王派医生去探视，医生回来汇报说：“瘦是瘦得挺厉害，但血气并未受损。”楚王无奈，只好改派他人来担任令尹。

这种用冰窖藏冰的做法一直流传了下来。清代时，就在北京城中设置了十八座冰窖，专供宫廷使用。潘荣陛著《帝京岁时纪胜》载：“腊八日御河起冰贮窖，通河运冰贮内窖，太液池起冰贮雪池冰窖，开謻门运之。各门护城河打冰，于河边修土窖贮之，夏日出易甚便。”

当然，用冰窖藏冰是富贵人家和贵族的做法，普通人家哪会享受得起这种待遇。民间比较常用的保鲜办法是把食物放在篮子里，用绳子将篮子系在井中。哪怕在夏季，由于井口很小，井里几乎没什么光照，井又比较深，井中的温度也比较低，所以可以用来储存食物。

在古时，还有一种类似冰箱的物品，称为“冰鉴”。冰鉴是用来盛冰并放置食物的容器，一般为铜制或木制。在外形上，冰鉴基本都是箱子的形状，但比今天的冰箱要小很多。冰鉴箱体两侧还设有提环，便于携带。冰鉴顶上有盖板，上开双钱孔，既是抠手，又是冷气散发口。冰鉴兼容了冰箱和空调的功能：里面同时放冰和食物，可作冰箱用；里面只放冰，在天气热的时候，将冰鉴放在屋中，可以起降温的作用，与空调类似。

冰鉴

冰鉴出现的年代非常早，《周礼·天官·凌人》中就记载：“祭祀供冰鉴。”传说当年越王勾践出游的时候，就用冰鉴来盛放食物。

古时围绕食物的冷藏，还诞生了很多职业，如采冰人、运冰人，有的人专门以卖冰为生。不过，在宋代之前，夏季用冰还是比较奢侈的享受，当时的皇帝就常用冰来赏赐大臣。唐朝时，诗人白居易就曾被皇帝赏赐冰块，他曾说："圣旨赐臣等冰者，伏以颁冰之仪，朝廷盛典，以其非常之物，用表特异之恩。"

从宋朝开始，冰的使用已越来越广泛。宋朝的时候有很多冷饮店，里面出售各种各样的冷饮，如"冰雪冷元子""冰雪甘草汤""冰雪凉水荔枝膏"等。宋代诗人杨万里在《荔枝歌》写道："帝城六月日卓午，市人如炊汗如雨。卖冰一声隔水来，行人未吃心眼开。甘霜甜雪如压蔗，年年窨子南山下。"

除了冷藏以外，古人保存食物的方法还有很多，比如将食物腌制。在东周时，人们就已经把肉切成小块，加盐和高粱粉、酒等装进容器中腌起来，称为"醢"，实际就是肉酱。在南北朝时期的《齐民要术》中，就记载了很多种腌制蔬菜的方法。

古时还有一种保存食物的方法是风干，蒙古人就将风干保存食物的方法用得十分纯熟。在古代，每到秋季的时候，蒙古人都会制作奶干。制作时一般用马尾将和好的奶块切成片，然后拿到木板上去晾晒，数日即可制成。蒙古人早餐时，就喜欢喝奶茶、吃奶干。

蒙古人另一个常见的风干食物是牛肉，风干牛肉是草原上过冬时最好的食物。他们选用最好的黄牛肉，先切成小块，再剔去筋膜，将其切成长条状挂在屋内的通风处，大概十天左右就能风干。风干牛肉的保质期长，易储存，热量高，是蒙古人行军打仗时的必备之物。

总体来说，古代保存食物的方法，除了腌制外，几乎都离不开对水分的控制，风干、冷藏是常见的方法。不过，对普通百姓来说，在大部分时间，食物还是比较匮乏的。除了腌制食物这种方法比较亲民外，冷藏、风干食物对汉族百姓来讲，都是比较奢侈的。

古人怎么起名字

在人类社会中，姓名是区别个体的符号。古人十分注重交往时的礼节，而称呼又是交往的开始，所以古人对取名极为重视。古人的名字有名、字、号等多种称呼，名和字后来合称“名字”，号则一直单独存在。

古人在孩童降生时，一般先为其取一个乳名，也称“小名”。乳名的选择就比较随意了，有很多常用的方法。汉魏时期，习惯以“阿”字开头来取乳名。“阿”是一个语气助词，用在名字中有亲昵的意思。如曹操的小名就叫阿瞒。“某奴”在当时是使用频率非常高的乳名，如东晋名士王濛，其乳名叫阿奴；骠骑大将军王导的儿子王劭、王荟，他们的乳名分别叫大奴、小奴。

古代取乳名时，还有一个常见的方法是以“小”字开头，也有亲昵的意思。如范阳卢氏曾为三个儿子分别取乳名为“小都”“小猧”“小秃”，还有个女儿取名叫“小建”。

唐代时给孩子起乳名，习惯在某个字后面加上“儿”字。比如唐中宗李显的幼女安乐公主小名就叫“裹儿”。因为在她出生时，李显曾脱下自己的衣服来包住她，故名“裹儿”。

古人在取乳名时，还有一个常用的方法是在男孩的名后称“郎”，在女孩的名后称“娘”。比如唐玄宗的小女儿寿安公主小名叫“虫娘”；武则天的男宠张易之小名叫“五郎”。

佛教传入中原后，人们为孩子起名时，也会叫一些带有宗教色彩的名字。比如白居易就给小儿子起乳名叫“金刚奴”；唐代时有个刺史，其妻子小名叫“无量寿”；在士族中崔氏有一女，其小名“曼殊”。

古时还有一个比较奇怪的起名方式，就是借用其他的姓来取乳名。比如唐代时太原王氏中有个女子，她的孙子小名叫“孟七”，但她的夫君却姓刘；她还有三个孙女，乳名分别叫“王六”“王八”“小秦”。这位王氏的孙子孙女乳名起得似乎比较随意，初看时六、七、八好像按数字排列，但后面孩子起名“小秦”又不符合这个规律，而“王八”这个乳名听起来更像是骂人。

记得当初看金庸先生的小说《倚天屠龙记》时，赵敏手下有八个高手，号称“神箭八雄”，名字分别为赵一伤、钱二败、孙三毁、李四摧、周五输、吴六破、郑七灭、王八衰。他们的名字起得就很随意，八个人的姓氏是以百家姓的开头“赵钱孙李，周吴郑王”排列，名字中第一个字是按数字“一二三四五六七八”排列，名字中的第二个字选得全都是不吉利的字。如此起名方法令人大跌眼镜。小说中张无忌等人听过他们的名字后十分惊讶，尤其是最后一个“王八衰”，更是匪夷所思。

如果说前面提到的起名方法还有些套路的话，那么接下来要说的这些，就是真的随便了。唐代时，有一个名叫阿钦的妓女生了个女儿，因其白皙可爱，大诗人李白为其取名“皎皎”。这个词就是“洁白”的意思，古时常被用来形容月亮，如唐代张若虚在《春江花月夜》中就写道：“江天一色无纤尘，皎皎空中孤月轮。”

诗人贺知章曾请玄宗为自己的儿子取名，唐玄宗随口说了个“孚”字。这个字拆开看上面是“爪”，下面是“子”，从字形上看是鸟破壳而出的形态，所以这个字有孵化的意思，同“孵”。在甲骨文中这个字有“幼儿”的意思。不过好在古时这个字一般作“信用”讲，也可以引申为获得信服。古代有个词叫“深孚众望”，意思是在群众中享有威望，使大家信服，所以玄宗起得这个名字虽然随意，但还不算翻车。

古时孩童六岁入学，这时一般由他们的师长为其取一个正式的名字，称为“学名”，也叫“大名”。学名的取法就比较讲究了，有很多禁忌。古时阴阳五行学说十分流行，人们在取名时习惯遵照五行的相生相克理论来取名。最常见的是先计算孩子的生辰八字，八字五行中缺哪一项，就用哪个偏旁的字命名。比如，五行中缺水，就会用三点水偏旁的字，如江、海、波、淡、清等。

在五行中，木生火，火生土，土生金，金生水，水生木。古人在取名时，常常以五行相生来序辈，就是用木火土金水为偏旁的字作名字，每一代用一个偏旁部首，依次向下排列。比如明朝皇帝的名字，就是按照这一规则来命名的。

朱元璋长子的名字叫朱标，燕王名叫朱棣，都是木字旁；再向下排，五行木生火，成祖朱棣大儿子的名字就是火字旁，叫朱高炽；五行火生土，仁宗朱高炽的儿子就叫朱瞻基，名字中带“土”字；土生金，宣宗朱瞻基的长子英宗名叫朱祁镇，次子，即后来的代宗叫朱祁钰，都是以金字旁的字为名。再往下排也是如此。

古人取名时还有很多其他习俗，比如在名字中寄托对孩子的希望等，如唐朝的名将薛仁贵，清朝时的将领许占魁等。实际上，本文中提到的大多数取名方法在今天依然适用。

古人童年时玩什么

童年往往是人生的美好回忆，大概是因为孩童受到的束缚很少，童年时比较自由。玩乐是孩童生活的重要部分，古代的科技远没有今天发达，不会有现在那么多稀奇古怪的玩具。那么，古人在童年的时候都玩些什么呢？

抓子儿是古时孩童常玩的游戏，《帝京景物略》中记载："手五丸，且掷且拾且承，曰抓子儿。"抓子儿的道具十分易得，一般是石子或核桃，一些条件好的人家也用橡木或银砾。抓子儿的玩法也很简单，把数量不等的石子在地上丢开，拿起其中一颗石子向上抛，在石子落地之前，抓起地上第二颗石子，再接住刚才向上抛的石子。之后依此类推，再抓起第三颗石子……如果接不住抛上去的石子，或者没抓住地上的石子，就算输。

在二十世纪九十年代时的中国农村，抓子儿的游戏在孩童中依然十分流行。古代还有一种与抓子儿类似的游戏，叫"玩羊拐"，在东北地区也称为"嘎拉哈"，这种称呼源自满语。"玩羊拐"是将抓子儿中的道具石子换成羊拐，所谓"羊拐"，就是羊的膝盖骨，在北方有些地区也称为“骨头子儿”。实际上，羊拐不一定出在羊身上，猪、牛等家畜身上也有这种膝盖骨。

羊拐有两个面，两端是尖的，无法立起。只有前后和两侧朝向下时，才可以立起来。羊拐前面和后面像人的肚皮，称为“肚”；两侧像人的耳朵，称为“耳”。不过，在不同地区，叫法不同。羊拐一般以四个为一副，在玩羊拐的时候，一般还要搭配一个口袋，口袋中一般装有沙子、米或者黄豆。这种口袋我们今天一般称其为“沙包”，玩羊拐时通常选用比较小的口袋。

羊拐的玩法比抓子儿复杂，难度也更高。在玩时先将羊拐散乱抛在地上，再将口袋抛起，在口袋落下前要将羊拐摆成“耳”，即侧面朝上，再将落下的口袋接住。然后重复这一动作，直到将每个羊拐都摆好。最后一次抛口袋时，要同时将所有羊拐翻面。在整个过程中，如果没接到落下的口袋就算输，谁用最少的次数完成这一过程就算赢。

踢毽子也是古代孩童常玩的游戏，据说在汉代时，这种游戏就已经出现并很快流传开来。据说南北朝时，有一个叫惠光的僧人，可以连续踢毽子五百下。宋朝高承在《事物记源》一书中，对踢毽子有较详细的记载：“今时小儿以铅锡为钱，装以鸡羽，呼为毽子，三四成群走踢，有里外廉、拖抢、耸膝、突肚、佛顶珠、剪刀、拐子各色，亦蹴鞠之遗事也。”

在古时，从毽子的大小还可以看出玩家的身份，平民百姓踢的毽子一般比较大，而豪门贵族踢的毽子比较小。在古代元宵节的杂戏中，就有踢毽子的表演。表演者的技艺十分高超，据潘荣陛《帝京岁时纪胜》中记载："都门有专艺踢毽子者，手舞足蹈，不少停息，若首若面，若背若胸，团转相击，随其高下，动合机宜，不致坠落，亦博戏中之绝技矣。"

踢毽子的玩法多种多样，既可以单个人轮流踢，也可以多人之间相互踢。在古代宫廷的女性中，就十分流行踢毽子。据说清朝时光绪帝的妃子瑾妃，就十分喜欢踢毽子，她经常组织太监、宫女等到御花园中踢毽子。

据说慈禧太后也喜欢踢毽子，在二十世纪九十年代末，有一部电视剧名叫《日落紫禁城》，由郭宝昌导演，斯琴高娃、邱心志、蒋雯丽、刘若英等主演。其中的女主角吟儿就是一名宫女，因为毽子踢得好而得到慈禧太后的赏识。

古时还有一种投掷类的游戏，名为"击壤"。击壤中的"击"是击打；"壤"其实就是土块。击壤的起源非常早，远古时期人们在狩猎时，就用土块、石块等投掷猎物。在弓箭出现后，这种狩猎方法才逐渐消失，但投石一类的技巧却并没有消逝在历史长河中。古时有一种暗器叫"飞蝗石"，其实就是用手投掷鹅卵石，在武侠小说中经常可以见到这类暗器。

击壤的游戏有点类似古时的射礼，既可以用作娱乐，也有实用的意义。从汉代起，击壤就广泛流行于民间。三国时的吴人盛彦曾在《击壤赋》中说："论众戏之为乐，独击壤之可娱，因风托势，罪一杀两。"

不过，三国时期的击壤游戏已经不再使用土块了，而是改为用一种四十多厘米长、十厘米宽、前宽后窄、形状类似鞋子的木头。在击壤时，先将一块壤放在三四十步之外的地上，然后再用另一块壤投掷，击中者为胜。击壤在古代是老少皆宜的游戏，晋人张协的《七命八首》诗中有"玄龆巷歌，黄发击壤"的句子，是说当时黑发的童子在歌唱，黄发的老翁在玩击壤。

从宋代开始，击壤的玩法又有了变化，这时的"壤"已经不再使用木头，而是换成了砖或者瓦。《太平御览》中记载："以砖二枚长七寸，相去三十步为标。各以砖一枚，方圆一尺掷之。主人持筹随多少。甲先掷破则得筹，乙后破则夺先破者。"

明清时期，击壤的游戏不再流行，但有很多类似的游戏，比如：明朝时的打柭儿，也称"打瓦"；清朝时的"打柭柭"，也称"打尜尜"。其玩法都与击壤相近。实际上，今天的飞镖游戏与击壤也有异曲同工之妙。

古代学生有寒暑假吗

教育是人类进入文明社会的重要标志，那么古人的学校生活是如何过的呢？古代的学生是否像今天这样放寒暑假呢？要弄清这个问题，我们得先来看一下古人是如何上学的。

我国古代的学校教育可以追溯到殷周时期，在西周的时候就已经有了“小学”与“大学”的区分。当时的“小学”应是周王室直属的贵族子弟学校，小学的位置一般设立在王公生活的地方。而当时周王室的“大学”称为“辟雍”，各地的诸侯也会兴办大学，称为“泮宫”。用今天的观点来看，辟雍就是国立大学，而泮宫则是地方大学。汉班固《白虎通·辟雍》：“天子立辟雍何？所以行礼乐宣德化也。辟者，璧也，象璧圆，又以法天，于雍水侧，象教化流行也。”可以看出，古代天子设立辟雍是为了宣传礼乐教化。

在当时，男子十岁以后才可外出就学。在外出就学时，学生是住在学校里的，不同年龄所学的内容也不同。周代学校中教授的内容主要就是“六艺”，即礼、乐、射、御、书、数，就是礼节、音乐、射箭、驾车、书法和算数。据《礼记》中记载，初到学校时，学生会学习一些基本的礼仪；十三岁之后，开始学习音乐、射箭、驾车，并可以诵读《诗经》；二十岁的时候，始学礼；在三十岁之后，“始理男事，博学无方”。

当时女子的教育要比男子简单许多，只是学一些容貌礼仪和纺织之类的技巧，并在祭祀时帮助准备一些酒、浆、醢等物品。

从东周时期开始，只能官方办学的格局被打破，出现了私学。最具代表性的人物就是孔子。他的弟子众多，开启了有教无类的教育新格局。到了战国时期，私学已经十分发达，许多学术大师都广收弟子，他们游走在各国间，致力传播学术和文化。

秦统一六国后，实行文化专制，私学逐渐衰落。在汉朝初年，朝廷都没有设立一套完善的教育制度。汉武帝时期，董仲舒提出建立太学的主张，他说：“故养士之大者，莫大乎太学；太学者，贤士之所关也，教化之本原也。”就是说要培养人才没有比办好太学更重要的了，太学是产生贤士的地方，是教化的本源。

汉武帝采纳了董仲舒的建议，下诏设置五经博士，所谓“五经”，就是《诗》《书》《礼》《易》《春秋》。后来汉武帝又在长安建立学舍，汉代的太学正式诞生。太学就相当于现在的国立大学，是一国之中的最高学府。太学的主管官员称为“仆射”，东汉时改称“祭酒”。

太学在最初设立时，里面的学生不多，只有数十人，后来逐渐增加，到宣帝时已经有 200 人，至成帝时，已增至 3000 人。

在西汉末年篡位的王莽，对太学的发展贡献很大，他修建了西汉最大的学舍，可以容纳上万人。东汉时太学的规模更加宏大，连武士都要去太学中学习《孝经》中的章句，甚至连匈奴人也派遣自己的子弟进入太学中学习。顺帝时，太学有 240 座校舍，共有 1850 室。质帝时，梁太后下令，大将军以下至 600 石的官吏，都要送子弟进入太学中学习。从此以后一直到东汉末年，太学的人数长期维持在 3 万人左右。

不过，太学的教育存在着很大问题，里面的老师在传授五经时，教授得很死板，通常都要求学生死记硬背。初入太学的学生每年考一次试，称为“岁试”，七年考试合格者称为“小成”，九年考试合格者称为“大成”。朝廷根据学生取得的考试成绩，对其授予不同的官职。

值得一提的是，在东汉末年，宦官专政弄权，太学的学生发起声势浩大的反对宦官的运动，形成了后来的“党锢之祸”。一些宦官为了对抗太学，在洛阳的鸿都门设立了鸿都门学。鸿都门学的一切都与太学相悖而行，它是中国最早的专科大学，这里不再教授儒家经典，而是专门教授辞赋、小说、尺牍、字画等课程。同时，这也是一所平民学校，招收的多是士族看不起的、社会地位不高的平民子弟。

在汉代时，地方政府也会设立学校。古时“学”与“校”是两个不同的概念：郡国设立的教育机构称为“学”；各县、道、邑等设立的教育机构称为“校”。可见“学”的地位是高于“校”的。不过，当时的学、校与今天的学校还是有很大差别的。它们没有统一课程，也没有系统的教育，只是用于推广礼乐教化，但仍为后世学校的诞生奠定了坚实的基础。

在两汉时期，私学也十分兴盛。在私学中，也有“大学”“小学”之分：由著名的经师大儒开办的精舍、精庐等，是私学中的“大学”；而当时的一些学馆、书馆则是比较初级的“小学”。在“小学”中，学生主要学习识字，当时的教材有《仓颉篇》《急就篇》等。这些教材中包含的内容极为丰富，如《急就篇》中就包含了姓氏、饮食、农业、衣着、兵器、医药、飞禽走兽等各种日常可以用到的字。

在学会识字后，“小学”中的学生就开始了第二阶段的学习，《孝经》和《论语》是这一阶段的必读教材。在完成了这一阶段的学习后，就算“小学”毕业了。少数的人会继续去“太学”或“精舍”中继续接受教育，更多的人则会去社会上求职。

综上所述，古代的学生并没有寒暑假。古代有“旬假”的制度，就是每工作十天休息一天，这是古时的公休日，相当于现在的周末，这一天学生也会放假。很多人将古时学生春季时的“田假”和秋季的“授衣假”当成是古代的寒暑假，实际是不对的，其放假的时间和目的都与今天的寒暑假截然不同。“田假”在五月，是为了让学生回家帮忙干农活；而“授衣假”在九月，是为了让学生回家取过冬的衣服。

古代的减肥丰胸术

爱美之心，人皆有之，古人也不例外。古人在不同时期，有着不同的审美，环肥燕瘦，各有所好。在今天，人们多以瘦为美，减肥成为社会风潮。那么，在古代如果人们想要减肥，都有哪些做法呢？

在古代，说道“以瘦为美”，不得不提到楚灵王。我们都听过“楚王好细腰，宫中多饿死”的典故，楚灵王特别钟爱腰细的人。如果只是这样还好，毕竟哪个君王还没有点特殊爱好呢？楚灵王讨厌腰粗的人，将其视为眼中钉。结果，在当时的楚国减肥成风，毕竟没有人希望被自己的国君所厌恶。

当时楚国人减肥的方法基本只有一种——节食，那时楚国的人民一天吃三顿饭，为了减肥，一天只吃一顿，很多宫女竟然因此饿死。不止女性如此，楚国的士人们也沉迷减肥，官员们每天也只吃一顿饭，在起床后，先屏住呼吸，然后再用腰带把腰束紧。由于长期如此，很多人饿得连走路都没有力气，要扶着墙才能行动。

楚灵王为了享乐，耗费举国之力，花了数年的时间建造了一座宫殿，名叫“章华宫”，也称“章华台”，在当时号称“天下第一台”。章华台高三十多米，地基广四十多米，如果想要登上高台，中途需要休息三次，所以也叫“三休台”。章华台里面修建得富丽堂皇，楚灵王又选了很多细腰的美人充入宫中，因此章华宫也叫“细腰宫”。唐代诗人李商隐在《题桃花夫人庙》诗中写道：“细腰宫里露桃新，脉脉无言几度春。至竟息亡缘底事？可怜金谷坠楼人。”

在古代以瘦闻名的美人，首屈一指的是赵飞燕。赵飞燕是汉成帝的第二任皇后，因其舞姿轻盈如燕飞凤舞而得名“飞燕”。传闻赵飞燕甚至可以在掌中跳舞。

在《飞燕外传》中，曾记载了这样一件事：一次赵飞燕穿着云英紫裙跳舞，汉成帝以文犀簪击玉瓯，侍郎冯无方吹笙相和，突然刮起了一阵大风，赵飞燕扬袖说道：“仙乎，仙乎！去故而就新，宁忘怀乎？”便要成仙而去。汉成帝赶忙呼叫冯无方，令其将赵飞燕拉住，冯无方扔下手中的笙，拽住了赵飞燕的鞋子。过了很久风才停下来，赵飞燕的裙子都被吹皱了，她哭着对汉成帝说：“皇帝太过爱我，令我无法成仙而去。”汉成帝感到愧疚，赏赐给冯无方千万钱，留在赵飞燕的房中歇息。第二天，宫里面的宫女为了获得皇帝的宠幸，纷纷将自己的裙子弄出褶皱，又因为汉成帝宠爱赵飞燕而不让其成仙的故事，所以将这种裙子命名为“留仙裙”。

这个故事杜撰的色彩很明显，不过在作者的想象中，赵飞燕居然可以被风吹走，可见其身材之瘦。

赵飞燕有自己独特的减肥秘方，她不像当初楚国人那样节食减肥，而是选择服药。赵飞燕所用的减肥药物分为内服和外敷两种：内服的是仙人掌；外敷的是一种叫“息肌丸”的药物。

从药理学上讲，仙人掌的确可以入药，有行气活血、消肿止痛的功能，说不定真的有减肥的作用。不过，“是药三分毒”，长期服用药物可能会对身体造成损害。至于另一种外敷的药物“息肌丸”，则比较神秘。据说在使用时要塞到肚脐眼处，将药物融化吸收到体内。

息肌丸的具体配方我们今天已无从知晓。传说在赵飞燕死后，有盗墓者想要在她的墓中得到息肌丸的配方，可惜其配方已经风化，只能看到其中的一种配料是麝香。据说在使用息肌丸后，可使面色娇嫩，肤如凝脂，肌香甜蜜，青春不老，下体盈实，丸药散发出来的奇香，还能强烈刺激男人的性欲。

从药效上看，息肌丸与其说是减肥药，不如说是春药更合适，这似乎与历史上的记载更加相符。汉成帝荒淫无道，沉迷酒色，十分喜欢服用春药。赵飞燕的妹妹赵合德也十分受汉成帝的宠爱，她的身体无一处不软嫩柔滑，让人沉溺流连。汉成帝曾赞叹赵合德的身体为“温柔乡”，并说：“从前，武帝能寻仙问道，朕虽也有此愿却始终难以做到。看来，朕此生无法效仿武帝寻仙问道，只能在这温柔乡中安享终年了！”赵合德的肌肤如此嫩滑，不知是否与其长期使用息肌丸有关。但汉成帝最终竟遂了心愿，他后来中风，暴毙在赵合德的怀中。

古代还有一种减肥方法，就是运动，比如做五禽戏、打马球、蹴鞠等。宋代时，人们还会用冷毛巾反复擦拭身体，以达到减肥的目的。明朝时，人们的减肥方法科学了很多，是靠饮食减肥。朱元璋的御医戴思恭在《证治要诀》中写道：“荷叶灰服之，令人瘦劣。今假病，欲容体瘦以示人者，一味服荷叶灰。”

而说到古代丰胸，其实古人并不以胸大为美，古代女子十五岁及笄，就已经可以结婚了。古人眼中年轻漂亮的女子大多不超过二十岁，一般来讲，女子此时不可能发育得太过成熟。其实古代很多时候都是以胸小为美，唐代时流行的女性以丰满为美的标准，是指整体而言，并非单指胸部。

古人拔牙定亲与如何刷牙

在古时，有很多令今天的人大跌眼镜的习俗，比如在上古时代，我们的祖先有拔牙的风俗。令人更为惊讶的是，这种风俗流传甚广，在很多地区都存在，如新石器时代的大汶口文化、屈家岭文化、良渚文化分布的区域。

从出土的大汶口文化墓葬中发现，古人拔牙的年龄一般在十五岁到二十岁左右，也有少数在二十岁之后才拔牙的。从拔牙的时间上看，千年之前的古人似乎将拔牙作为成人礼。在大汶口文化的三里河遗址中，曾出土十八具人类骨架，全部都有拔牙的痕迹。从出土的骨架上看，古人拔牙时习惯拔掉上颚中间及侧面的门牙，而且在拔牙的时候讲究左右对称，最常见的是拔除上颚门牙两侧的牙齿。

这种拔牙的习俗可能与一些古籍中的记述相符。在《山海经》中，就记载了名为“凿齿”的神话人物。后羿曾与凿齿在寿阳之野大战，凿齿的武器是盾，还有说是戈的。不仅如此，凿齿还长着像凿子一样的牙齿，也可作武器用，这可能是其称呼的来源。

最后，后羿将凿齿杀死。

《淮南子》中对这件事有更详细的记载，当时凿齿危害百姓，尧命令羿将凿齿铲除，双方在寿阳之野大战，最后凿齿战败被杀。在民间流传甚广的后羿射日的故事，发生在这件事之后。在上古时代，羿是东夷族的首领，而东夷族居住的地点，大致在今山东、苏北一带，与大汶口文化所在地域正好吻合，所以《山海经》中关于凿齿的记载很可能是真的。

不过，由于当时图腾文化盛行，凿齿一族的人很可能在拔掉牙齿后，在嘴上带着类似凿子的装饰物。《山海经》中将其描述为一种怪兽。《山海经》中的这种记录手法并不罕见，其关于蚩尤的记载也与此类似。

可能由于当时凿齿一族战败后，像西南或东南方向迁徙，所以这种拔牙的习俗在西南或东南的一些地区流传了下来。在今天云南、贵州的一些少数民族中，仍有这种风俗。

三国时吴沈莹在《临海水土异物志》中记载："夷洲女已嫁，皆缺去前上齿。"当时的"夷洲"，就是今天的台湾地区。可见这种风俗在当地流传的时间很长。清代时当地还有一种风俗，女子如果遇到中意的男子，就将其带回家中，面见父母，然后男女双方各拔下上腭门牙二齿交给对方，算是交换定情信物。清黄叔璥在《台海使槎录·番俗六考》中就记载："成婚，男女俱去上齿各二，彼此谨藏，以矢终身不易。"

牙齿既然对古人有如此重要的意义，那么平时自然要好好保护了。古人是有刷牙的习惯的，在《礼记》中就提到“鸡初鸣，咸盥漱”。可见，古人在很早就注重口腔的卫生。不过，在最初的时候，可能只是漱漱口而已。在唐代孙思邈所著《备急千金要方》中就记载：“每旦以一捻盐内口中，以暖水含……口齿牢密。”

古人最常见的刷牙方法是用手指蘸着盐去擦牙齿，这个动作称为“揩齿”。所谓“揩”就是擦、抹的意思。在《红楼梦》中，贾宝玉就用这种方法清洁牙齿。古代还有清洁牙齿专用的“揩齿巾”，多见于富贵人家，林黛玉就曾经用揩齿巾清洁牙齿。

古人揩齿图（敦煌壁画）

古人还有一种揩齿的方法，就是用杨柳木、桑木等放在水里浸泡，在使用的时候，用牙齿将树枝咬开，树枝中的纤维就会露出来，可以用来清洁牙齿。古时有“晨嚼齿木”的说法，指的就是这种刷牙的方法。

在唐宋的时候，已经出现牙刷了，在当时称为“刷牙子”。刷牙子一般以木为柄，刷毛是用马尾制成，外形与今天的牙刷大致相同。刷牙子在最初应为贵族使用，在唐代和辽代出土的贵族墓葬中，都发现过刷牙子。在南宋时，已经有出售牙刷的店铺了。

古人在刷牙时，除了使用盐之外，还有一些特制的牙粉、牙膏等。唐代医学家王焘在《外台秘要》中记载了“升麻揩齿方”：“升麻半两，白芷、藁本、细辛、沉香各三分，寒水石六分，研，右六味捣筛为散，每朝杨柳枝咬头软，蘸取药揩齿，香而光洁。”

在宋代一部官修医书《太平圣惠方》中，也记载了一种牙膏方子：“柳枝、槐枝、桑枝煎水熬膏，入姜汁、细辛等，每用擦牙。”

古人怎么治疗近视

首先，需要强调的是，即使在今天，近视也没法根治。市面上流传的各种各样治疗近视的办法，都无法彻底治好近视。那么，在科技不发达的古代，人们近视了之后怎么办呢?

远古时代，很少会有人近视。因为造成近视的原因主要是大气污染、长期近距离用眼、遗传等因素。古代没有今天这么严重的环境污染问题，古人也没什么需要长期近距离用眼的活动。科举制度要到隋唐时期才开始普及；宋代印刷术和造纸术取得巨大进步之后，书籍才在市面上大为流传：所以，在唐宋之前恐怕近视的人都不会太多。如果近视成为一种值得关注的问题，起码要在宋代之后。

古代得了近视是一件很痛苦的事，在近视镜出现之前，几乎无药可治。据说，“唐宋八大家”之一的欧阳修就是近视。当年欧阳修在平山堂为好友刘敞送行时，曾作《朝中措·送刘仲原甫出守维扬》一词，词的开头写道：“平山阑槛倚晴空，山色有无中。”因为词中提到的平山堂离山很近，当时的很多人据此嘲笑欧阳修有眼疾。因为“山色”有就有，没有就是没有，若非眼睛有疾，怎么能看到“有无中”呢？

宋朝的另一位大文豪苏轼曾就此事发表过意见，他赋了一首词写道：“长记平山堂上，欹枕江南烟雨，杳杳没孤鸿。认得醉翁语，山色有无中。”苏轼认为欧阳修词中形容的是雨后初晴时的景色，此时空中应该还有朦胧的水雾，所以才会看到“山色有无中”。

不过，抛开此事不谈，欧阳修近视应该是确有其事的。宋代叶梦得的《石林燕语》中记载：“欧阳文忠近视，常时读书甚艰，唯使人读而听之。”可以看出，欧阳修近视后，没法读书，只得让其他人念给自己听。

据说，《资治通鉴》的作者司马光也是近视，他自称：“素有眼疾，不能远视。”古人在最初，对近视可能并没有一个科学的认识，而是将其当成一种疾病看待。很多人将古人年老眼花也归于近视，这恐怕不妥。因为老花眼在原理上与近视正好相反，和远视更加类似。

我国关于眼镜的史料不多，据说眼镜是在元朝传入的。就算这种说法是真的，眼镜在元朝应该也没有普及。眼镜在我国的使用要到明清时期才逐渐推广开来。

在明代时，已经有了很多关于眼镜的记载。明代田艺蘅在《留青日札·叆叇》中提到了一种叫“叆叇”的物品：“提学副使潮阳林公有二物，如大钱形，质薄而透明，如硝子石，如琉璃，色如云母，每看文章，目力昏倦，不辨细书，以此掩目，精神不散，笔画倍明。中用绫绢联之，缚于脑后。人皆不识，举以问余。余曰：此叆叇也。”这可能就是早期的眼镜，可以看出在当时眼镜还没有镜架，只能用绢系在头上。

清朝的时候，眼镜已经很普及了。张子秋在《续都门竹枝词》中云：“近视人人戴眼镜，铺中深浅制分明。更饶养目轻犹巧，争买皆由属后生。”有趣的是，当时对近视程度的划分不是按照度数来区别的，而是按照十二地支——子、丑、寅、卯、辰、巳、午、未、申、酉、戌、亥来区分的。

据说，在清朝的皇帝中，雍正帝也近视。不止如此，他还有收藏眼镜的癖好，据说雍正帝有超过三十五副眼镜。他收藏的眼镜材质多种多样，水晶、玳瑁、玻璃、紫晶等应有尽有。而他的儿子乾隆帝则刚好相反，无论看得多不清楚，坚决不戴眼镜。

古人虽然无法治疗近视，但也有一些保护眼睛的方法，如《养病漫笔》中记载：“枸杞子榨油，点灯观书，能益目力。”除此以外，古人还会吃一些对眼睛有益的食物，《本草纲目》中就记载了多种药物有明目助读的功效，比如芜菁花“主治虚劳眼暗，久服长生，可夜读书”。

第五章

古人的婚丧嫁娶

不同朝代的古人找对象有什么标准

婚姻是人生中的大事，能有一个称心如意的配偶，是人生中的幸事。在古代的不同时期，人们有不同的择偶标准。

在夏商周时期，人们选择配偶时比较自由，男女双方情投意合既可。在《诗经》中，就有很多描写男女幽会的作品，如《邶风·静女》："静女其姝，俟我于城隅。爱而不见，搔首踟蹰。"二人还赠送了定情信物，"静女其娈，贻我彤管。彤管有炜，说怿女美。"

在《左传》中，记载了这样一桩婚事，郑国徐吾犯的妹妹长得很美，公孙楚与她定了亲事，但公孙楚的从兄公孙黑也看上了徐吾犯的妹妹，强行要与其订婚。徐吾犯很为难，向当时执政的子产请教，子产说："这是国家政事混乱，不是您的忧患。这事应该由你妹妹决定。"于是，徐吾犯决定为公孙楚和公孙黑两兄弟举行一场相亲大会。

在相亲的过程中，公孙黑打扮得十分好看，放下财物礼品后离开；公孙楚身着戎装，表演了弯弓射箭，然后驾车离去。徐吾犯的妹妹评价二人时说："公孙黑的确很好看，但还是不如公孙楚。丈夫应该有丈夫的样子，妻子应该有妻子的样子，这样家庭才能和顺。"最终，徐吾犯的妹妹选择了公孙楚作为夫婿。

此事到此还未结束，公孙黑心有不甘，他身着甲衣去见公孙楚，打算将其杀死并霸占他的妻子，结果不敌公孙楚，被对方用戈打伤。成语"同室操戈"即来源于此。最后因为公孙楚的地位不如公孙黑，反而被判了流放之刑。

在周代时已经开始讲究社会等级之分，周王室之女一般都会嫁给诸侯或卿士，很少会与平民通婚。秦汉的时候，已经有了"门当户对"的观念，王充《论衡》中说道："富贵之男娶富贵之妻，女亦得富贵之男。"汉朝更是规定，只有列侯才有资格迎娶公主。此时的婚姻已经讲究"父母之命，媒妁之言"了，但子女仍有一定的发言权。在两晋南北朝时期也是如此。

《晋书》中记载了这样一件事，权臣贾充的小女儿名叫贾午，当时名士韩寿在贾充帐下做幕僚，韩寿年轻俊美，风度翩翩。每当贾充在家中举行宴会的时候，贾午常在窗后偷看。在见到韩寿后，对其心生爱慕，便让婢女约韩寿私会。韩寿这个人身体应该比较好，很善于翻墙，他每晚翻墙去与贾午相会。

晋武帝曾赐给贾充一种西域进贡的香料，贾充将其送给了女儿贾午，但后来有一天贾充在韩寿身上闻到了这种香料的味道。于是猜到了自己的小女儿与韩寿私通，但自己家里门禁森严，贾充想不通两人是如何私会的。后来在夜里，贾充伪称家里来了盗贼，顺着墙壁一路观察，才发现墙上有翻越的痕迹，贾充只好将贾午嫁给了韩寿。这就是成语“窃玉偷香”的典故。

两晋南北朝时，世族崛起，门第婚大为盛行。到了唐朝时世族已大为衰落，但门第婚仍然长盛不衰。这里所说的“门第婚”不是“门当户对”的那种概念，而是以门阀士族血统来择偶论婚的观念。

唐代时，很多旧的世家大族已沦落到与平民无异，但他们仗着往日的威望，仍自矜自大，称自己为“士大夫”，并在嫁女时大肆索要财物。唐太宗为维护新生的大唐政权，曾下令修《氏族志》，普查天下各族族谱，“剪其浮华，定其真伪”。但最后修订的结果令他大失所望，很多旧的世族仍排在第一等的位置。

《贞观政要》中记载，唐太宗对此大为不满，曾说道：“我与这些旧有世族并无嫌隙，只因其世代衰微，全无官职却仍然自称士大夫。到了婚姻之时，多索财物，其见识浅薄，却崖岸自高，我不知道人们为何如此看重他们？能称为士大夫的，要么建功立业，善事君父；要么学识渊博，技艺精湛。这两样都可以支撑起门户。这些旧家大族不过仗着祖辈的余荫而已，怎么能与朝中的权贵相提并论呢？朝中的公卿多向其输送财物，将与他们交往视为荣耀，增加他们的气势，置我朝的官爵于何地？”

唐太宗随后下令，不论以前，只取现在的官品、人才为等级，重修《氏族志》。结果最终定下以皇族为首，外戚次之，之前的那些旧有世族排第二。实际上，这种划分方法之下，除皇族和外戚外，旧有世族还是排在天下第一等的位置。显然两晋南北朝以来的世族影响不可能短期内完全消除，就连当时朝中的魏征、房玄龄等重臣，都争相与世族通婚。到了唐中期以后，就连唐朝皇室也开始与士族通婚。

古人在择偶时，也十分看重对方的才华。唐太宗时，丹阳公主下嫁左卫将军薛万彻，薛万彻比较蠢笨，公主觉得羞愧，连着数月都拒绝与他同席。唐太宗听说这件事后，在一次宴会上，与薛万彻比赛握槊（一种游戏），故意输给对方，丹阳公主见夫婿如此聪慧，才与薛万彻重新修好。

宋代时，世族已经没落，人们恋爱婚姻时基本已“不问阀阅”。但宋代财婚的现象十分严重，人们在婚嫁之际，大肆索要财物。北宋名臣蔡襄曾批评过这种现象：“娶妇何谓，欲以传嗣，岂为财也。观今之俗，娶妻不顾门户，直求资财……习俗日久，不以为怪，此民生之大弊。”

总的来说，古人的择偶观念与今日大同小异，无论是其积极进步的一面，还是消极落后的一面，都流传了下来。有借婚姻求财、求官，追求经济利益或政治地位的，也有注重人品与才华，强调个人素质的。大概是因为时代虽然不同，但人性却依旧未变吧！

古代奇特的收继婚

“收继婚”是古代的一种婚姻形态，也称“转房婚”，是指女子丧夫后，夫家中的其他男子再将其收为妻子。从本质上讲，收继婚与父系氏族中男权至上的观念有直接关系，女性被视为宗族的一笔财产，不可以流失到外面，所以族中的其他男性可以收取族中的寡妇为妻。

古代的收继婚有很多种形式，儿子娶自己的后母为妻，称为“烝”；子侄取自己的婶母为妻，称为“报”；弟娶寡嫂为妻，称为“收继”。最后一种在收继婚中最为常见。当然，以上的分类只是从辈分上来划分，实际上收继的关系可以倒过来，比如兄长也可以收继弟媳。还有更离谱的，父亲可以收自己的儿媳。唐朝时杨贵妃在进宫前就是玄宗之子寿王李瑁的妃子。当然严格地讲，这就是唐玄宗抢了自己的儿媳，不算收继婚，因为杨玉环进宫时，寿王李瑁还没有死。

收继婚与中国古代的礼制不合，所以在大多数朝代都是被禁止的。不过，收继婚在北方游牧民族中十分盛行。《史记·匈奴列传》中就记载匈奴人："父死，妻其后母；兄弟死，皆取其妻妻之。"在两晋南北朝之后，游牧民族将这种习俗带到中原，收继婚有死灰复燃的趋势。

在隋唐时，收继婚在统治者群体中多次出现。隋文帝有两位妃子十分美丽，分别被封为宣华夫人和容华夫人。隋文帝晚年病重，太子杨广垂涎宣华夫人的美色，在服侍文帝时，曾想借机非礼宣华夫人，但遭到宣华夫人的反抗，未能得逞。宣华夫人回来后，文帝见她神色有异，于是向她询问原因，宣华夫人哭着说"太子无礼"。文帝大怒，想要将太子废除，但却被其先发制人，控制了皇宫，并将在文帝身边随侍的宫人迁居到别处。当晚，隋文帝就驾崩了。由于隋文帝当时住的是仁寿宫，所以史书中将这件事称为"仁寿宫变"。

仁寿宫变后，宣华夫人等人十分恐惧。不久太子杨广就派人送来一个盒子，宣华夫人以为是赐给她的毒酒，不敢将盒子打开。在使者的不断催促下，才终于将盒子开启，结果发现里面放着几个同心结。她身边的宫人都松了一口气，说道："这下不用死了。"但宣华夫人依旧闷闷不乐，不肯谢恩。在宫人们的催促下，才向使者答谢。当晚，杨广就临幸了宣华夫人。《隋书》中记载："其夜，太子烝焉。"

隋文帝的另一个妃子容华夫人，也被杨广收继。

唐朝时，唐太宗李世民发动"玄武门之变"，夺得帝位，杀死了自己的兄长李建成和弟弟李元吉，随后又纳了李元吉的妃子杨氏。此举在当时遭到一部分大臣的强烈反对，但仍无济于事。后来杨氏为李世民生下曹王李明。李世民对其十分宠爱，曾想将其立为太子，最终因为大臣的反对而作罢。《新唐书》中记载："太宗杀其弟齐王元吉，纳其妃杨氏，有宠，生曹王明。长孙皇后崩，帝欲立杨氏为后，纳魏徵谏，乃止。"

在蒙古族中，收继婚是十分常见的现象。在成吉思汗死后，他的妃子木奇哈敦就被三子窝阔台收继。这个木奇哈敦估计长得非常漂亮，因为成吉思汗的二子察合台也想将其收继，只不过被窝阔台抢先了一步。蒙古人的这种收继婚俗，给当时来华的欧洲传教士留下了深刻印象。当时的一位传教士约翰记载："在他们的父亲去世以后，可以同父亲的妻子结婚；弟弟也可以在哥哥去世以后同他的妻子结婚，或者，另一个较年轻的亲戚也可以娶她。"

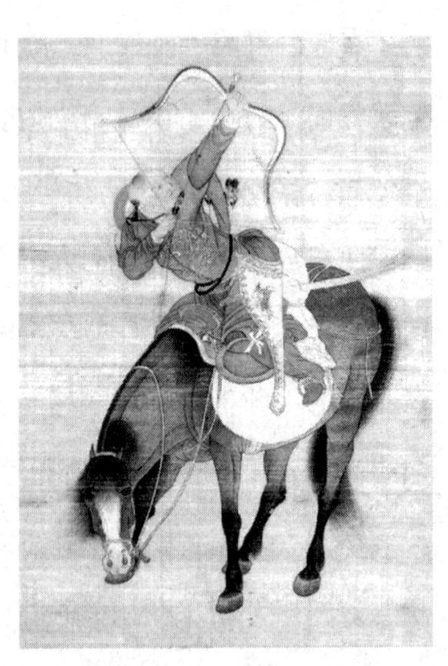
古画里的元代蒙古人

前面提到的察合台，他的孙子哈剌旭烈死后，其堂兄继任为察合台汗国的君主，就将哈剌旭烈的妻子收继。在当时的蒙古族中，还存在侄子收继婶母的现象。成吉思汗的四子拖雷死后，窝阔台就想将拖雷的妻子唆鲁禾帖尼嫁给自己的儿子贵由，结果被唆鲁禾帖尼以诸子尚未成人为理由拒绝。

实际上，在整个元朝，蒙古人的收继婚都是合法的。元朝的婚姻制度规定：各民族的婚姻遵守其旧俗；不同民族的人成婚，以男方的婚俗为主。不过，蒙古人不受此限制，蒙古女子与外族男子通婚时，不必以男方的婚俗为主。

在元朝统治期间，一些受汉族文化影响的蒙古儒士，曾试图纠正收继婚的现象，比如，有的蒙古儒士上书说："蒙古乃国家本族，宜教之以礼，而犹循本俗，不行三年之丧，又收继庶母、叔婶、兄嫂，恐贻笑后世，必宜改革，绳以礼法。"不过对于这封奏疏，元朝廷根本没有给予答复。

在当时的蒙古族中，也有一些女性受汉文化的影响，反对收继婚。后来元朝规定，女性可以守节不嫁。元文宗时曾下敕："诸人非其本俗，敢有弟收其嫂、子收庶母者，坐罪。"但这只是针对其他没有收继婚习俗的民族，蒙古人不受此限制。

古代想娶老婆必须先做哪些事

婚礼是古代重要的仪式，古人认为婚礼可以“合二姓之好，上以事宗庙，而下以继后世也”。在古代，人们成亲时一般都要经过六个程序，即纳采、问名、纳吉、纳征、请期、亲迎，统称“六礼”。

“六礼”的仪式始于西周，并从此成为古人成亲时的固定仪式。“纳采”即男方请媒人去女方家提亲。媒人在古时的婚姻中有着重要的地位，古时成亲必然要有媒人联系才行，若是不经媒人私自苟合，则“父母国人皆贱之”。《诗经》中就写道：“取妻如何？匪媒不得。”

在周代时，官方就已经有了主管婚姻的官职，称为“媒氏”，其职责就是“司男女之无夫家者而会之”。媒人在提亲的时候一般都会携带礼物，携带的礼物也很有讲究，早期时通常用大雁作礼物，《白虎通·嫁娶篇》则曰：“用雁者，取其随时南北，不失其节，明不夺女子之时也。又取飞成行止成列也，明嫁娶之礼，长幼有序，不逾越也。又婚礼贽不用死雉，故用雁也。”

如果女方接受了男方的提亲，接下来媒人就要对女方行“问名”之礼。这个“问名”并不是简单地询问对方的名字，而是要问清女方的身份，是主人家之女，还是收养来的。古人讲究“同姓不婚”，估计古人早已意识到近亲结婚的诸多弊端。古人曾说“内官不及同姓，其生不殖……是以君子恶之”。就算是在纳妾的时候，也遵循这一原则。如果不知道妾的姓氏，“则卜之”。至于男方的姓名，在纳采的时候就已经进行说明了，所以“问名”的环节主要是询问女方的情况。

古人十分迷信“天命”观，男女之间的婚事是否吉利还需要进行占卜，这就是“纳吉”。《诗经·卫风·氓》中就写道：“尔卜尔筮，体无咎言。”

如果占卜的结果吉利，那么男方就可以向女方家下聘礼了，这个过程也要通过媒人来进行，就是“纳征”。早期纳征的物品比较固定，多为黑色的布帛和成对的鹿皮。

“纳征”之后，双方就可以确定婚期了。男方请媒人向女方家询问完婚的日期，这个时候女方家会谦让，请男方决定。男方再次谦让，女方继续谦让，表示唯对方是从。之后男方才说出预定的日期。这个过程称为“请期”。

在西周的时候，男女成亲的日期一般都在春季。到了东周时，就没有这个讲究了，一年四季皆可成亲。在《诗经·卫风·氓》中，二人的婚期就定在了秋季。

到了既定的婚期，男方会乘车前往女方家中迎娶对方，这个过程就是“亲迎”。周代时，亲迎的车子一般为黑色，并且还有两辆额外跟随的车子，用来将女方的嫁妆运回。女方到了男方家中后，要取一个瓠（一种葫芦）一分为二做成喝酒用的器具，男女双方各取一半饮酒，这就是今天婚礼中喝“交杯酒”的起源。

在亲迎之后，“六礼”就算完成了。但严格地讲，婚礼过程还未完结，在第二天新妇还要进行“谒舅姑”的环节。古人称公公婆婆为“舅姑”，所谓“谒舅姑”就是新媳妇拜见公公和婆婆。在完成了“谒舅姑”的环节后，新妇才正式成为家庭中的一员，如果缺少了这个环节，婚礼就不算完整。

唐代诗人杜甫在《新婚别》中写到一对新婚夫妇在举行婚礼的第二天，丈夫就被强行征发戍边，新妇还没来得及进行“拜舅姑”的程序。“结发为妻子，席不暖君床。暮婚晨告别，无乃太匆忙。君行虽不远，守边赴河阳。妾身未分明，何以拜姑嫜。”因为还没有拜过舅姑，所以说“妾身未分明”，就是其妻子的身份还没有最终确定。

值得一提的是，在西周时，古人虽然很重视婚礼，将其办得十分庄重，但并不追求热闹。女方家在嫁女之后，连续三夜不熄灭灯火；男方家在娶亲之后，连续三天不奏乐。女方如此做是为了表示骨肉离别的悲伤；男方则是感念人世的变迁，感激父母的养育之恩。在东周之后，婚礼才开始变得热闹起来。

秦汉时的婚礼，大致上延续了之前的习俗。到了隋唐时期，“六礼”出现了一些变化，比如纳采时用雁改为用鹅，大概因为大雁比较难获取吧。从汉代起，纳吉的礼物变得种类繁多，可达三十多种，到了唐代时又减少到九种，而且每种礼物都有特殊的寓意。比如其中的阿胶和干漆，就取其牢固之意。古代形容夫妻恩爱时，就常用一个词——如胶似漆，就来源于此。

唐代时下的聘礼不再是布帛、鹿皮等物，而是直接用衣服、首饰、钱财作为聘礼。在唐代，嫁女时索要财物的风气十分炽盛，唐高宗时不得不下令：三品以上的官员彩礼用绢三百匹，四五品官二百匹，六七品官一百匹，八品以下五十匹。

唐代婚礼还有一个新的项目，叫“报婚书”。婚书包含两部分的内容：一是男方给女方的致书；二是女方答复男方的许讫。这为男女双方的婚姻提供了法律上的证据，也是判决婚姻纠纷的重要依据。双方订立婚约后，如果女方悔婚，会被杖六十；如果悔婚后又和其他人订立婚约，杖一百；如果女方悔婚后已经出嫁，则徒刑一年半，女子判归前夫，如果前夫不娶，女方要退还聘礼。

从宋代开始，“六礼”的程序逐渐简化，只保留了纳采、纳征（也称纳币）和亲迎三个环节。不过，无论“六礼”还是后来的“三礼”，都是条件比较好的家庭结婚时的程序，贫苦人家的婚礼程序要简单得多。

古代离婚要经过哪些程序

在古人的婚姻中，“父母之命”“媒妁之言”占有很大的比重，很多时候，男女双方在婚姻上反而没有选择的权利。在这种情况下，婚姻不幸是难免的事，很多婚姻也以离婚收场。那么，古代离婚要经过哪些程序呢?

封建社会是男权社会，男子想要离婚，十分简单，只需要一纸休书即可结束婚姻关系。不过，古代离婚也要遵循一定的原则，即“七出”和“三不去”。

“七出”也称“七去”，实际就是休弃妻子的七种理由。分别为：无子、淫逸、不事舅姑、口舌、盗窃、妒忌、恶疾。

在汉代的《大戴礼记》中，对“七出”的理由进行了说明：

无子被休的原因是为了避免男方绝后。

不事舅姑，也称不顺父母，这个原因被休是因为其行为违反道德，即“逆德”。

因淫逸被休的理由是“乱族”，也就是淫乱会造成妻子所生之子女来路或辈分不明，造成家族血缘的混乱。

因“妒”被休的理由是“乱家”，即妻子的凶悍忌妒会造成家庭不和。这个理由有一定道理，但是否严重到要休妻则有待商榷。

古代有很多出名的妒妇，比如汉高祖刘邦的夫人吕雉，她十分嫉妒深受刘邦宠爱的戚夫人，在刘邦去世后，将戚夫人的双耳熏聋，双眼挖去，还将其毒哑，斩去双手双脚，放到茅厕中做成“人彘”，其行为令人发指。不仅如此，她还将刘邦其他姬妾生的好几个儿子都杀掉。她的很多行为已经与维护自己的地位无关了，纯粹是妒忌下的发泄与报复。

唐代时桂阳县令阮嵩因为召歌妓宴饮，他的妻子披散头发，赤着双足，袒露臂膀拔刀冲到席上，所有客人被吓得作鸟兽散，阮嵩被吓得钻到床底下不敢出来。结果阮嵩因为此事，在上司考评时，被评价连妻子都制止不了，如何管理百姓？妻子如此不懂礼数，丈夫的尊严何在？阮嵩也因此丢了官职。

“有恶疾”指的是妻子患了严重的疾病，其被休的理由是“不可共粢盛”，是指不能一起参与祭祀。

“口舌”也称“多言”，指的是女性喜欢说人闲话，搬弄是非，被休的理由是“离亲”，即影响家庭的和睦。

唐代时，官员李迥秀的妻子经常辱骂家中的奴婢，李迥秀的母亲出身寒微，经常怀疑儿媳在借机骂自己，李迥秀知道后就将妻子休掉。别人劝他时，他说：“娶妻子回来就是为了让他侍奉婆婆，如果她经常给人脸色看，又怎么可以留下呢？”

盗窃，即偷东西。被休的理由是“反义”，即不合乎应守的规矩。

“七出”中的妒和多言被休的理由看似比较相近，都是影响家庭的和睦，但有细微的区别。妒是指影响夫妻之间小家庭的不和，尤其是妻妾之间不和；而多言既包含小家庭，也可以用于亲族之间。

“七出”是古代男性离婚时的特权，不过也存在一定限制，这个限制就是“三不去”。

汉代《大戴礼记·本命》中说道：“妇有三不去：有所娶无所归（无娘家可归的），不去；与更三年丧（曾为公婆守孝三年的），不去；前贫贱后富贵，不去。”从功能上讲，“三不去”是对古代女性权利的一种保护，与“七出”相比，“三不去”具有一定的进步意义。

“七出”不仅是道德上的要求，在很多朝代，也是法律中的条文。唐代法律中就规定：如果妻子不符合七出的条件而休妻的，会被处以徒刑一年半的刑罚；如果妻子犯了七出但符合“三不去”原则而仍然休妻的，判杖一百，并追回妻子；如犯恶疾及奸者，即使有三不去的条件，仍可径行出之，不受上面规定的限制。

唐朝时，唐太宗曾想将自己的女儿嫁给名将尉迟敬德，尉迟敬德辞谢道：“我的妻子虽然出身微贱，但夫妻之情尚在，臣曾听古人说，‘富贵了之后不更换妻子，是仁义的表现’。臣十分仰慕古人的这种行为，请皇上收回圣恩。”唐太宗十分赞赏他这种德行。

古代离婚中，除了“七出”之外，还有“义绝”与“和离”两种离婚方式。所谓“义绝”，是指夫妻任何一方，对另一方一定范围内的亲属若有殴、骂、杀、伤、奸等行为，就视为夫妻之间恩断义绝，不管男女双方是否同意，都会被强制离异，违者判处徒刑。还有一种义绝的情况是，男女中的一方因为政治问题而触犯刑律，另一方为了避免受到牵连而提出离异。在义绝中，后者的情况更多见一些。

在隋朝时，李德武娶了户部尚书裴矩的女儿为妻，后来李德武因罪被流放岭南，裴矩就上书皇帝，请求让自己的女儿与李德武离婚。在唐朝时，还有一桩奇异的义绝。韦皇后曾将自己的亡弟与宰相萧至忠死去的女儿定下冥婚，后来韦皇后被贬为庶人，萧至忠竟掘开韦皇后弟弟的棺材，将自己

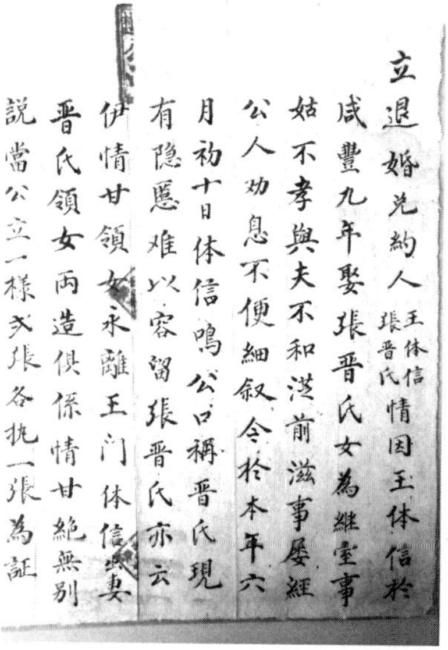
立退婚先約人王体信 張晉氏情因王体信於
咸豐九年娶張晉氏女為継室事
姑不孝與夫不和湛前滋事屡經
公人劝息不便細叙今於本年六
月初十日体信鳴公口稱晉氏現
有隱慝难以容留張晉氏亦云
伊情甘領女永離王门体信與妻
晉氏領女兩造俱係情甘絕無別
說當公立一樣式張各執一張為証

清代的休书

女儿的尸骨带走。

古代离婚中，男女双方自愿结束婚姻关系称为“和离”，与今天的协议离婚类似。和离既可以由男方提出，也可以由女方提出，在古代的离婚方式中，还算比较平等的。有些夫妻离婚之后，反目成仇，但也有些夫妻在离异时，会互相祝福对方。

唐代的一则《放妻书》中，有一句非常著名的话：“一别两宽，各生欢喜。”所谓“放妻书”，就是夫妻和离的时候，请来见证人，立一纸文书，表示解除婚姻。放妻书不同于休书，放妻书中男女双方的关系是平等的。

古代的洞房怎么闹

闹洞房的习俗在中国由来已久，早在汉代时就已经出现了，并一直流传下来。古代闹洞房时，也会出现一些低俗和过分的现象，甚至还会闹出人命。《酉阳杂俎》中记载，在北朝的婚礼上，女方家的亲戚宾客妇女等，可以聚集在一起，用杖打新郎为乐，曾经就有新郎在婚礼上被打死的案例。

古代闹洞房时的花样很多，其中之一就是“催妆”，严格地讲，这不算闹洞房，最多算“闹新娘”。在迎亲的那一天，新郎带着众多的亲朋好友到新娘家中迎亲，到了女方家门口的时候，新郎会率领众多的亲友一起喊：“新娘子快出来！”喊声连续不断，直到新娘子登上车子才止住。所谓“催妆”，从字面意思上看，就是催促新娘化妆。古时，新娘常在催妆的时候还故意画眉、梳妆，拖延出来的时间。

在催妆的时候，还会有新郎或者司仪去唱催妆的诗。新郎既可以自己作诗，也可以请他人代作。催妆诗的内容除了催促新娘化妆外，一般都是称赞新娘的美貌、新郎的才情及二人的般配等。

唐顺宗时，云安公主下嫁刘士泾，在迎亲时，众人推举当时的才子陆畅为傧相，陆畅当场作催妆诗云："云安公主贵，出嫁五侯家。天母亲调粉，日兄怜赐花。催铺百子帐，待障七香车。借问妆成未，东方欲晓霞。"

催妆诗最流行的时代是唐代，这与唐朝诗歌的兴盛有关。一直到清代，人们成亲时，仍有作催妆诗的风俗。袁枚在《随园诗话》中就记载："近人新婚，贺者作催妆诗，其风颇古。"

催妆诗这种迎亲习俗有趣且文雅，还能够带动欢乐的气氛，是古代婚礼的文明传统，可惜却没有传到今天。不过，另一种比较低俗的闹婚做法，却一直流传了下来。

障车是古代婚礼中的一种习俗，就是参加迎亲的队伍或者一些前来围观婚礼凑热闹的人，拦住新娘的婚车索要财物酒食，不给就不让通过。障车这种习俗的本意是借喜事讨彩头，并且增添热闹的氛围，迎亲者也愿意拿出酒食礼物分给众人，无非图个喜庆。但后来这种风俗愈演愈烈，众人聚集起来，将道路堵住，有些王公贵族成亲时，光是分给障车之人的钱就数以万计，有时甚至超过了给女方聘礼的数目。

在古时，就有人意识到了这种风气对社会造成的不良影响，唐朝时左司郎中唐绍就上书批评障车，他说这种做法："既亏名教，又蠹风猷，违紊礼经。须加节制。望请敕令禁断。"唐睿宗曾下令："王公以下嫁娶，比来时有障车，既亏风教，特宜禁断。”不过，即便如此，障车的事仍屡禁不止。爱州刺史裴惟岳贪婪暴虐，当地首领成亲，裴惟岳竟索要一千匹绫罗绸缎，对方给到八百匹，他仍不肯放对方过去。

古时迎亲队伍到了男方家中时，新娘下车后脚不可以踩到泥土。古人认为天地皆有灵，新娘头上戴着盖头是为了避免冲撞天神，脚不踩地是为了避免冲撞地煞神。所以如果新娘进入夫家后需要走路，会在地上铺有毡席，如果没有毡席可以用被褥或布袋代替。诗人白居易在《和春深十二首》诗中就写道：“春深嫁女家……青衣传毡褥，锦绣一条斜。”

在迎亲这一天，新郎家的外面会设置一座用青幔搭成的临时房屋，称为“青庐”，这是承袭了南北朝时从游牧民族传过来的习俗。新人就在青庐中举行婚礼的仪式，如交拜、饮合卺酒等。在青庐中，有时还会让新娘“坐马鞍”。这个“坐马鞍”具体怎么坐法，不同朝代习俗不同。也有让新郎坐的，也有新郎新娘二人同坐的，大概“鞍”同“安”，取安稳、平安之意。

在新娘进入喜帐后，还有撒帐的习俗。所谓“撒帐”，就是把事先准备好的钱、糖果等物撒在新娘的周围，让宾客及孩子哄抢。宋朝时撒帐十分流行，《东京梦华录》中记载：“对拜毕就床，女向左，男向右坐，女以金钱彩果撒掷，谓之‘撒帐’。”撒帐的习俗在今天依然存在，不过一般是将花生、桂圆、莲子、荔枝、豆子、红枣等物撒在新人的床上，有期待新人早生贵子的意思。

新娘进入夫家后，接下来就是“弄新妇”的环节，这才是古代真正的闹洞房。所谓“弄新妇”，就是戏弄新娘的意思。这个环节可能就不太雅观了，常出现一些低俗之举。清代掌故遗闻汇编《清稗类钞》中记载：“新妇既入洞房……成年者之闹房，或评新娘头足，或以新娘脂粉涂他人面，任意调笑，兴尽而止。”这还不算太过分的，宋代笔记《鸡肋篇》中记载了一种更过分的方式：“如民家女子，不用大盖，放人纵亲。虽男子怜抚之，亦喜，而不以为非也。”对新娘动手动脚，就有些低俗了。

总之，闹洞房的本意是大家聚在一起娱乐，增加热闹的气氛，不过被一些人扭曲，出现了很多低俗甚至下流的举动。在今天，过分婚闹的现象依然很普遍。希望我们在继承古代的风俗时，可以去粗取精，继承那些优良的传统与作风。

契丹人的婚姻习俗

在古代少数民族的婚姻中，由于受到的礼教约束比较少，婚姻中男女自由恋爱的色彩要比汉族更加明显。但同时，少数民族的婚俗中也更多地遗留了一些原始婚俗的成分，比如抢婚。辽国的地域辽阔，各部族身处不同地区，其婚俗也不尽相同，部分地区的婚俗也吸收了一些其他民族的特点。

辽国曾吞并渤海国，而渤海地区的婚俗就吸收了高丽婚俗的一些特征。《隋书》中记载，高丽的婚姻比较自由，男女双方两情相悦即可成婚。男方只需送给女方家一些猪肉和酒就可以了，没有男方向女方家下聘礼的习俗。如果女方在婚姻中收取男方的财物，则会受到人们的鄙视。相比于今天女方在婚前动辄索要天价的彩礼，在高丽人的婚姻中似乎男女更加平等。

契丹人的婚姻也是比较自由的，除了皇族和后族需要彼此通婚外，普通人的婚姻基本没有什么限制，各部族之间都可通婚，甚至契丹人与汉人之间也可通婚。

在辽国，存在着一种特殊的婚姻方式，即“服役婚”，就是在婚前，男方要到女方家中去服务一段时间，然后才能与女方成婚。在这种服役婚中，一般女方的家庭条件要优于男方。其实在汉人中也存在这种风俗，东汉班固的《汉书》中就记载："婿随妻还家，为妻家仆役，一两年间妻家乃厚遣送女。"在唐代的室韦人中也有这种风俗，男子在婚前要先去女方家中服务三年，等到三年期满之后，夫妇俩才能带着女方赠送的财物一起离开。

在室韦族中，还有"抢婚"的习俗。在原始婚俗中，抢婚是真的去把新娘抢来，但发展到后来，抢婚就变成了婚礼上的一种游戏。双方在之前已经订好了婚事，在成亲的时候，男方假装将女方盗去，然后再送来牛马作聘礼，将新娘送回。等到新娘怀孕后，再将新娘接回家中。契丹族的婚俗在某些方面继承了室韦族的一些传统。

契丹人虽然在婚姻上颇为自由，但如同汉族婚姻中的"六礼"一样，契丹人的婚姻也讲究一定的程序：首先，婚姻必须取得男女双方的认可或双方家庭的同意；其次，男方要给女方下聘礼，聘礼多为牛羊或酒；最后双方在成婚时要行拜"奥姑"之礼。《辽史·国语解·拜奥礼》云："凡纳后，即族中选尊者一人当奥而坐，以主其礼，谓之奥姑。送后者拜而致敬，故云拜奥礼。"

所谓"奥姑"，就是由众人推举出来的一位尊贵的女性长者。《辽史·公主表》中记载："契丹故俗，凡婚燕之礼，推女子之可尊敬者坐于奥，谓之奥姑。""奥"这个字的意思是屋子的西南角，通常是长者所居的位置。在契丹婚俗中，奥姑负责主持婚礼，并接受女方及其陪伴者的礼拜。这个程序有点类似汉族婚礼中“拜高堂”的做法。

除此以外，契丹婚礼中礼服的颜色也与汉族礼服大不相同。汉人在婚礼中习惯穿红色的衣服，以红色为喜庆的色彩。而契丹人在婚礼中喜欢穿青色或绿色的衣服。这种习俗或许与其在草原上的生存环境有关。

总的来说，契丹的婚俗有着浓郁的民族特点，其形式更加自由，相比于汉族，女性在婚礼中的地位更高。同时，也可以看出契丹的婚俗中也继承了前代一些游牧民族的婚俗。

大宋婚姻保护法

若要论宋朝的婚姻制度，我们可以从洪迈的《夷坚志》中一窥端倪。在《夷坚志》中，洪迈提到了一个女子怒休丈夫的故事，很能体现大宋的男女婚姻关系。

故事的主角是商人王八郎的妻子王娘子，当她发现自己的丈夫在外面花天酒地，回到家又处处找自己的麻烦时，她便“执夫袂，走诣县”，拉着丈夫去到县里打起官司来。

在去县官那里告状之前，王娘子偷偷藏匿了一笔家产。到了县官面前后，她又痛斥丈夫对自己的不忠。县官一看证据确凿，王八郎也没有否认，便将王娘子藏匿的家产作为其之前的嫁妆，全部归还给王娘子，而家中剩下的财产，则由两人对半分配。

赔偿钱财已是板上钉钉的事，王八郎便想把小女儿的抚养权要过来。王娘子自然不会将小女儿让给丈夫抚养，便在县官面前痛陈丈夫在外面花天酒地，连妻子都抛弃，如果把女儿判给他，那这孩子将来非落个流落街头的处境不可。

听了王娘子一番哭诉，县官当即将小女儿判给了王娘子。在结束官司后，王娘子带着小女儿，拿着分得的钱财，迁到了别的村子重新过起生活来。

从王娘子的故事来看，大宋的婚姻制度还是颇为开明的，与当前新推出的《民法典》中的部分规定似乎有共通之处。

有宋一朝，像王娘子一样敢于为自己的利益发声呐喊的女性并不在少数。很多时候，在婚姻中，宋朝女子的地位甚至还要高于男子的地位。这一点从苏东坡为朋友陈季常写的那首《寄吴德仁兼简陈季常》中便可见一斑。

“龙丘居士亦可怜，谈空说有夜不眠。忽闻河东狮子吼，拄杖落手心茫然。”这些诗句被演绎为“河东狮吼”，陈季常也由此成为中国人怕老婆的代表。

陈季常怕老婆的原因，东坡居士没有写我们也无从得知。但有宋一朝，丈夫普遍怕老婆却是不争的事实，这里面除了有相敬相爱的感情之外，更有着深层次的经济原因。

中国古代女性往往给大家的印象就是相夫教子、地位低、没有权力，似乎历朝历代，结婚后的女子只能本本分分做一个主妇，说不定哪天熬成黄脸婆，丈夫还可以另结新欢，如果此时犯了妒忌，可能就会得到一张休书……

然而，女性的命运真的这么悲惨吗？当然不是。在中国大多数朝代，女性的地位还是有一定保障的。别的不谈，仅从宋朝政府对于女性的经济保障来看，似乎就是当代女性望尘莫及的。

在宋朝，政府明确规定了女性有婚前财产的独立权。也就是说，女性的婚前财产归个人所有，当婚姻破裂之后，这笔财富要跟随女性转移，而不进行分割。那么，宋朝女性都有什么婚前财产呢？当然就是她出嫁时的嫁妆。

宋朝在订婚阶段，女方会给男方送定帖，定帖内容就有女子婚前财产清单。而有宋一朝，女性嫁妆又颇为丰厚，大名仕苏辙有五个女儿，每个女儿都有一大笔嫁妆，为嫁女几乎到了倾家荡产的地步；秦桧老婆王氏出身宰相之家，嫁给秦桧时带了数万贯钱做嫁妆，以至于秦桧后来想休妻而不敢。

更有甚者，出于女性无法参与娘家分家的考虑，在女性出嫁的时候，往往给予她较之于男性更多的陪嫁作为补偿。例如名臣范仲淹在制定族规的时候就提倡，范氏娶妻花费当为二十贯，嫁女则陪嫁三十贯，女性嫁妆比男性彩礼高出 1.5 倍。

如此多的嫁妆，带去婆家是怎样的体验呢？宋朝法律规定“妇人财产，并同夫为主”，也就是说女子带过来的嫁妆支配权在自己手中，可以与丈夫共同使用，但潜台词是也可以不同丈夫一起使用。

也就是说，如果夫妻和睦，女性又较为大度的话，便会把嫁妆拿出来当作家中日常开支。但如果女性爱财，不肯拿嫁妆出来共享，则男性一点办法也没有。不但男性没有办法，婆家的长辈、叔伯、姑嫂都不可以觊觎这笔财产。

而如果出现意外情况，例如两个人婚姻破裂，则要经由政府分割这笔财产。女子是过错方，则男性可以分割财产；如果女性不是过错方，男性无故休妻，则不但女性的嫁妆全部归她自己带回，共同的家产也要分割给女性。

而此时，如果女性的嫁妆已经花掉，则男性卖房子卖地也要把之前花了的嫁妆补齐，给女性带回去。有这样的法律做保障，也就难怪女子的父母愿意为女儿置办大笔嫁妆了，毕竟有这笔财富傍身，婆家即便想找事的时候，也要先掂量一下。

所以，让我们再回过头读一读苏轼那一首小诗，做一个猜想，想必是陈季常的夫人是带了大笔嫁妆来出嫁的，所以日常在陈家说话才胆气十足。陈季常即便再惧怕“河东狮吼”，也不能一休了之，否则后面的经济问题就难以解决。

有了经济地位做支撑，所以宋朝女性虽不会各个都如“河东狮”，但也不必在丈夫面前战战兢兢了。

女真人的婚姻形式真开放

女真族的婚姻习俗，有服役婚、转房婚、指腹为婚、抢婚等。女真族的婚姻也比较自由，男女相悦、自由结合是常见的婚姻形式。

在比较富有的女真家庭中，一般以牛马作为聘礼。贫穷人家女子的择偶方式则比较有趣，《三朝北盟会编》中记载，女真族的女子在成年后“歌于途”，她们通过唱歌的方式来选择配偶。女子在路上边走边唱，所唱歌曲的内容一般要说明自己的家世、自己做女活的技巧，还有自己的容貌姿色等。尚未娶妻的男子听到姑娘的歌声后，如果想娶这位姑娘，就可以直接将对方带回家中，之后才准备礼物，去女方家中告知对方的父母亲人。此时去对方家中要做的不是提亲，二人的婚姻其实早就开始了，去拜见对方父母只不过是这段婚姻的最后一个程序。

女真族还有一种求偶的方式，与前面的这种情况刚好相反，是男子主动去吸引女子。在夜晚的时候，很多女真贵族的子弟或富家子，经常相邀一起去部落杂居的地方骑马，并饮酒作乐，很多年轻的女子会被他们吸引，跑来围观。此时，如果男子邀请女子喝酒，对方是不会拒绝的，甚至有些女子会唱歌跳舞以助酒兴，双方尽情嬉闹调笑，旁人都不会在意。如果男女双方两情相悦，男子就会将女子带走，女方的家人在此时也不会阻拦。等到女子在男方家住了数年之后，二人有了子女，男子才会携带礼物去女方家中拜会，称为“拜门”。

金国也有抢婚的习俗，尤其在早期的时候，“男女婚娶多不以礼”。不过，金国建立之后，逐渐吸收了很多汉族的文化和礼法，抢婚这种行为才逐渐销声匿迹，金世宗的时候曾下令禁止抢婚，“犯者以奸论”。不过，与契丹族的抢婚一样，女真的抢婚到后来也不是真的抢，而是一种特殊的婚礼形式，多是为了增添喜庆氛围。

在女真族中，也存在服役婚。在服役婚中，男方的地位是比较卑微的，就像奴仆一样在女方家中劳作，三年之后，男子才可以携带妻子及女方家赠送的财物离去。据《松漠纪闻》中记载，男子在离开时，女方家会赠送“奴婢数十户，牛马数十群”。

女真族中也有指腹为婚的习俗。在早期的时候，这种现象十分普遍，通常发生在两个地位相当的家庭之间，是一种包办婚姻。在指腹为婚后，双方不可以反悔，哪怕到了子女成年后，双方的地位相差悬殊，也要如期履行婚约。

在金国建立之后，女真族禁止同姓通婚，违者“杖而离之”。

随着统治疆域的扩展，女真族逐渐鼓励与外族通婚。在金章宗的时候，金国朝廷两次下诏，鼓励屯田的军户与所在地的居民互相通婚。

在女真人的婚姻中，男方也会向女方下聘礼，通常由男方的人带着牛马、钱财和酒食等物去女方家中，其携带的聘礼少的有十来车，多的可达上百车。在定亲的时候，马是十分重要的物品。男子会牵着若干匹马供女方家挑选，马的数量从十来匹到上百匹不等。这一过程既有展示男方经济实力的意思，也有风俗上的因素，比如将男子看作骏马。女方通常会留下马匹的五分之一左右。如果留下马匹的数量太少，则是对男方的不尊重。女方也通常会给男方一些回礼，回礼的轻重视所留的马匹数量而定。

在女真人定亲过程中，女方的地位通常是高于男方的。在男方去女方家求亲时，女方无论其家庭成员年龄大小，都坐在炕上，男方家中的人则“皆拜其下”。

在女真族中，也存在办“冥婚”的习俗。如果有男女尚未嫁娶就去世，其家人则会通过媒人为其求取配偶，这种媒人称为“鬼媒”。这种冥婚也要看双方的家世，并且需要占卜。如果家世合适，占卜的结果也吉利的话，那么接下来就可以举行冥婚了。

举行冥婚时，先要将准备好的冥衣穿在死者身上，然后在男方的墓前，设两个座位，并在每个座位后立一个三十几厘米长的小幡，再用酒、果等祭奠，请男女的魂魄相就，如同合卺。在祭奠之前，两个幡都垂下不动。祭奠之后，如果两幡微动，则表示婚姻相和。否则相反。从习俗上看，举办这种冥婚，天气应选择风和日丽的日子，否则天气恶劣的话，这种祭奠就无法进行了。

在金国建立后，女真的婚俗越来越多地受到汉族文化的影响，财婚的现象十分严重。后来金国政府不得不做出明文规定：一品官以上所下聘礼不得超过七百贯；三品以上不得超过五百贯；五品以上不得超过三百贯；六品以下及上户普通人家不得超过二百贯；中下户人家不得超过一百贯。

古人是怎样避孕的

在今天，世界已面临人口过剩的问题，我国实行计划生育以来，各种各样的避孕方法开始在全国普及。那么，在古代人们是如何避孕的呢?

首先，要说明的是，在古代对大多数人来讲，都是不需要避孕的。古代科技不发达，生产方式落后，人力是最主要的劳动力。在很多朝代，是按照人口的数量来分田的，家中的人口越多，分到的田也就越多。当然，也有一些贫困的百姓，无力抚养更多的孩子，但他们控制家中人口数量的方式，一般是将生下来的孩子送人或是抛弃，而不会选择避孕。可能在古代人们还没有形成避孕的意识吧。而对富裕的人家来讲，他们有足够的能力养育子女，也追求扩大家族的影响力，所以富人反而多置姬妾，以求子孙昌盛，就更加不会去避孕了。

对古代的统治者来讲，人口是赋税的重要来源，同时也是战争中的重要兵源，所以历代的统治者都大力提倡生育，很多朝代都会制定政策鼓励生育。所以，避孕在古代是一件不必要的事，只有一些少数群体才会有这种需求。

在古代的避孕方法中，最常见的是使用药物避孕。在《山海经》中记载了一种叫“菁蓉”的植物，菁蓉生长在嶓冢山，叶子长得像蕙草，茎长得像桔梗，花是黑色的，但不结果实，人吃了这种植物就不能生育，“食之使人无子”。但《山海经》成书的年代太早，后人已无法考证“菁蓉”这种植物究竟是什么了。

在唐代，“药王”孙思邈所著的《千金要方》中，记载了一个药物避孕的方法：“蚕子故纸方一尺，烧为末，酒服之，终身不产。”里面提到的“蚕子故纸”也称“蚕退纸”，就是家蚕蛾卵子孵化后的卵壳。蚕退纸的确是一种中药，不过似乎没有避孕的功效，根据《本草纲目》中的记载，蚕退纸反而有助产的功效。而关于《千金要方》中蚕退纸的用法，在《本草衍义》中也有类似的记载，但功效完全不同：“烧灰用之，治妇人血露。”

古人避孕时常用的药物还有麝香，这似乎有一定的合理性，因为麝香作为中药的确有抗早孕的功效。长期服用麝香会有抗着床的效果，不过麝香具有一定的毒性，长期使用可能会对身体造成损害。

在电视剧《如懿传》中，皇后送如懿和高贵妃的手镯中藏有零陵香，而这份零陵香导致了如懿数十年不孕，甚至错过了最佳的生育时间。零陵香确实是一种中药，也称为“熏草”，没有毒性。作为中药，零陵香有多种功效，可以治伤寒、牙疼、腹痛等，但没有发现其可以避孕的记载。

在另一部清代宫斗剧《甄嬛传》中，华妃听闻自己流产是因端妃陷害，一气之下强灌了端妃一壶藏红花，端妃因此一辈子无子。藏红花确实是古代避孕时常用的药物。藏红花无毒，有活血化瘀的作用，也有避孕的功效。至于藏红花的用法，有内服和外敷两种。据说古时在男女性事之后，用藏红花液清洗女性的下身也可以避孕。

在《甄嬛传》中还有一个情节，甄嬛入宫后第一次怀孕，齐妃怕甄嬛之子将来和三阿哥抢皇位，给她送去掺了夹竹桃汁液和花粉的栗子糕，想让她滑胎。夹竹桃作为中药的确有堕胎的功能，不过这已经不在避孕的范畴了。

据说，在古代的青楼中，老鸨会让妓女喝下掺有水银的茶水助其避孕。水银有消毒、泻下的作用。但水银本身也含有剧毒，可以毒死腹中的胎儿，也可能使女性丧失生育的能力。当然还有可能将人毒死。

在明朝时，宪宗的万贵妃为了不让后宫中的其他女性生子，就曾“掖廷御幸有身，饮药伤坠者无数”。不知万贵妃使用的药物，是以上的哪一种。据说，宪宗子朱佑樘的头顶没有头发，就是被药物所伤导致的。

从以上的记载可以看出，古代用药物避孕的方法大多不科学，其避孕效果也存在很多疑点，很多时候药物的作用不是避孕，而是堕胎。堕胎会给女性身体造成很大伤害，尤其是堕胎时若方法不当，可能会导致终身不育。

在古代也有借助工具避孕的，传闻古人曾用鱼鳔作避孕套使用。避孕套在古时称为“阳具袋”，或“风流如意袋”，但使用的初衷不是作为避孕工具，而是避免性疾病的传播。古人还有通过针灸和穴位按压来避孕的方法，不过其效果也存在疑点。

总体来说，古代并没有安全有效的避孕方法，而且很多避孕方法都会对人体造成伤害，甚至导致不孕不育。

古代游牧民族的特殊丧葬习俗

晋代书法家王羲之曾在《兰亭集序》中写道："古人云：'死生亦大矣'！"可见，从古至今，出生和死亡都是人生中至关重要的事，与此相关的礼仪，也是人生中的重要仪式。游牧民族有着与汉族不同的生活方式，从而衍生出了各具特色的丧葬仪式。

在契丹族中，流行天葬和火葬结合的丧葬仪式。据《隋书》中记载，契丹人的葬礼分为两个阶段：第一个阶段是天葬，就是将死者放在山中的树上；第二个阶段是在三年之后再将骸骨收回火化，整个葬礼要持续三年以上。

这种天葬的方式在后来有所改变。《新唐书》中记载，契丹人在死后，没有墓葬，用马车载着尸体进入山中，将尸体放置在树尖上，取消了三年以后再火葬的做法。契丹人在父母去世时，是不可以哭的，此时哭被认为是弱者的表现。不过，在子女去世时，父母是可以哭的，表示亲情的难以割舍。

契丹族生活的区域很大，其丧葬方式并不唯一。在整个辽国存续期间，契丹族其实都存在墓葬。其中又分为有封土和没有封土的，有棺木和没有棺木的。契丹族的墓葬，有土坑、石室墓和砖室墓的区别。在后期还有了功能上的分区，如墓室、耳室、甬道、墓道等。

契丹族的墓葬中也有陪葬品，多为常用的饮食器具和作战时用的武器、马具等。在契丹贵族的墓葬中，还有很多精美的金、银、玉制的随葬品，平民墓中则只有些陶罐、小刀之类的简易物品。辽圣宗时大力提倡薄葬，曾下令禁止宰杀牛、马等牲畜陪葬，禁止在墓中随葬珠宝珍玩等物。

契丹族也有单纯的火葬。在辽圣宗时，契丹的高官王说就是火化安葬的。宋朝的使者张舜臣在出使辽国时，也记录过契丹族的丧葬——“贱者则燔之以归”。可见，在当时无论是辽国的上层贵族还是下层民众，都可以实行火葬。火葬的流行，可能与佛教在契丹的传播有关。辽道宗时的王鼎曾记载：“及佛教来，又变其饬终归全之道，皆从火化，使中国送往，一类烧羌。至收余烬为浮屠，令人瞻仰，不复顾归土及泉之义。”

在契丹的葬俗中，还有一种与“羓”相关的丧葬习俗。“羓”字的意义就是干肉，这种丧葬方法称为“帝羓”，与埃及人制作木乃伊的方式很相似。其方法是：在人死之后，用刀将死者的腹部剖开，将其肠胃取出洗

契丹人墓葬中的金属面具

净，然后再用香药、矾、盐等物填入死者腹中，再用五彩线将尸体缝好；之后用带尖的植物刺死者的皮肤，使其血液流尽；再用金银制成的面具戴在死者头上，用铜丝将死者手足绑上。辽国的第二位皇帝耶律德光就是用这种方法安葬的。

在辽国还有一种特殊的习俗，称为“烧饭”。据李焘《续资治通鉴长编》记载，契丹主死后，须设置大穹庐，然后用金铸成契丹主之缘像，并将金像放入穹庐中，每至节辰、忌日及初一、十五，则在穹庐前举行祭祀仪式。祭时，筑起一座一丈多高的台，台上放一大盆，盆内撒以酒食，用火焚烧，俗称“烧饭”。

“烧饭”这种习俗在很多游牧民族中都存在。在金国女真人的风俗中，“烧饭”时不仅要烧掉酒食，就连死者生前骑乘的马匹，甚至连其宠幸的奴婢也要一起烧死。元朝时，蒙古人也有“烧饭”的习俗，《元史·祭祀志》中记载：“葬后，每日用羊二次烧饭以为祭，至四十九日而后已。”

与契丹人天葬和火葬结合类似，在女真人中有火葬与土葬结合的习俗。这种丧葬方式比较复杂，先将死者火化，然后将骨灰和随葬品放入棺中，再在墓穴内将棺木连同里面的骨灰、随葬品等一同焚毁。在女真族中，一般地位比较高的人采取这种葬法。在宋金之战时，曾有金国的使节死在宋国境内，女真人对其就实行了火葬，在火化尸体时参加葬礼的人还将自己腿上的肉剔下来投入火中，以示“此肉与相公同焚”。

元朝时，蒙古人的葬俗以土葬为主，但也有火葬。按照蒙古人的传统，无论死者亡于何地，必须将其尸身运回故地埋葬。无论贵族还是平民皆是如此。在蒙古军中，如果一个人能将死者的尸首运回安葬，那么这个人将获得死者的全部奴婢、牲畜及财产；如果是一个奴婢将其尸首运回，则只能获得死者的牲畜和财产。

蒙古人实行土葬时，地面上是没有封土的。南宋的使臣彭大雅曾记载："其墓无冢，以马践蹂若平地。"不仅如此，蒙古人的葬礼仪式也很简单，没有披麻戴孝哭丧的环节，在死后即挖空树木作为棺材，下葬之后，不封不树，饮食上也没有忌讳，到了下一个月月初就脱下丧服。

蒙古人虽然没保留坟茔，但各个家族都有自己固定的墓地，并派有专门的人看守。成吉思汗之后的蒙古大汗，如窝阔台、贵由、蒙哥等，都葬在起辇谷。在蒙古贵族的墓葬附近，设有一座帐幕，里面住着的就是看守墓地的人。如果有外人靠近这片区域，就会受到严厉的惩罚。

蒙古人之所以不留坟茔，是为了防止陵墓被盗掘。因为蒙古族也有厚葬的风俗。据说成吉思汗死后，就用了四十名美女陪葬，而且墓中还有很多金银、马匹等随葬品。

古代的国家医保和政府陵园

在宋朝后期是流行火葬的，原因主要有两个：一是社会经济的发展，使人们思想越来越开放，因此相比于前朝更容易接受习俗的变更；二是有一些具体的条件限制，比如没有足够的土地进行土葬。

宋代是土地私有制盛行的时期。据统计，到宋英宗时期全国土地百分之七十左右的垦田已经落到了大地主的手中，在这种状况下，大量的贫农可真就是“死无葬身”之地了！

此外，宋代佛教思想逐渐世俗化，也是改变人们丧葬习俗的一个重要因素。宋代皇帝虽然没有唐代皇帝那么崇佛，但佛却走入了民间，和人民生活融为一体。

佛教是主张火化的，其教义认为只有火才能把死者引至西方极乐世界。随着佛教在我国的广泛传播，对我国民间丧葬习俗的影响也是越来越大。

大宋百姓在“缺地”“缺钱”的情况下，纷纷选择经济实惠的火葬方式。如果这些百姓生活在明朝，那在选择火葬之前，他们还可以尝试着为自己在国家官方陵园中寻一块墓地。

若要说我国古代哪个朝代的社会福利制度最完善，大明王朝是可以一争的。为家贫没有钱购买墓地的百姓提供官方陵园，为吃不起药、看不起病的百姓提供医疗救助场所，这些都是大明王朝的社会福利制度。

明朝最著名的两个福利机构是惠民药局和漏泽园：惠民药局是国家开立的供百姓免费吃药和免费看病的场所，也可以说是明朝的“国家医保”；而漏泽园则是明朝政府为了埋葬家贫无法购买墓地的百姓而设置的官方陵园。

“惠民药局”是为吃不起药、看不起病的百姓提供医疗救助的场所，这一场所早在宋朝时便已经存在。当时建立这个场所的目的，更多是为了防止奸商操纵药价，以免让百姓吃不起药、看不起病。

元朝时也出现了仿照宋制建立的惠民药局。到明太祖朱元璋时，为了切实保护普通百姓的生命健康，也按照宋元两朝的机构设置，建立了惠民药局。

明朝的惠民药局隶属于太医院管辖。洪武三年，朱元璋宣布在中央以及各个地方府州县开设惠民药局。最初的惠民药局，主要是用来诊治贫苦的军人和百姓。《明史》当中就有记载：“洪武三年置惠民药局，府设提领，州县设官医。凡军民之贫病者给予医药。”

按照朱元璋的思路，惠民药局设立之后，社会当中将不会存在有病不医的穷困军民，百姓不会再为看病犯难。但现实情况与他所设想的却存在不小的出入，因为当时惠民药局的药材都需要各地药物税课上缴，“羊毛还是出在羊身上”，所以此时的惠民药局并未产生较好的社会效果。

等到永乐年间，明成祖朱棣“命礼部申明惠民药局者今必有实惠，勿徒有文具而已”。看得出，永乐皇帝也知道惠民药局并没有发挥什么实际作用，所以只得下令让监察御史监督修缮惠民药局，使惠民药局早日恢复早期的作用。

到了明朝中期，惠民药局不仅要进行病人的诊治、药物分发，还承担了遇到突发自然灾害时百姓的救治工作。惠民药局解救瘟疫患者的相关记载在多个古籍当中均有体现。《荒政要览》中记载：“时都城病疠盛行，死者枕藉。礼部左侍郎孙承恩请命太医院及顺天府惠民药局，依按方术预备药饵施给，以济阽危，上从之。”意思是，当时北京瘟疫暴发，死者遍地，朝廷官员向皇帝申请开设惠民药局进行施药，防止疫病蔓延，皇帝听从了这个意见。

嘉靖年间，京城暴发鼠疫，鼠疫从山西传到北京，当时有大量的患者需要医治，惠民药局也承担了这项工作。

可以看到，在几代皇帝的整治下，惠民药局在明朝中期时发挥了一定的作用。但是到了明朝中后期，由于社会风气的变化以及国家的财政亏空，惠民药局逐渐变得难以维系。此后一段时期，惠民药局只有在国家发生重大灾害时才会由皇帝批准开立。

漏泽园是为家贫没有钱来购买墓地的人提供的官方陵园，其与惠民药局一样，也是在宋朝时期建立的。其实在汉朝时，皇帝就颁布过相关诏书，规定用官府设置的土地作为家境贫寒之人埋葬亲属的墓地。只不过到了宋朝时，漏泽园才最终成形。

《宋要会》中记载："常诏府界以官地收葬枯骨，今欲推广先志，择高旷不毛之地，置漏泽园。"由此可知，宋代也是采用前朝旧制，选择空旷的高山地区建造漏泽园的。

明朝初年，政局还未稳定，战乱频发，百姓流离失所，伏尸荒野。朱元璋登基之后，为了安置死者，便仿照宋制在各地建立了漏泽园。明朝的漏泽园也都建立在荒山之中，各县之中也会设置一处，但是规模都不尽相同。到了明朝中期时，漏泽园的规模逐渐扩大。

明朝时期修建的漏泽园，主要有三种情况：

第一种情况是皇帝下旨修建，这是当时漏泽园的主要扩建方式。明朝初期时和尚道士众多，朱元璋认为这些和尚不仅好逸恶劳，还会损害农民的权益，故严格规划了和尚、道士的入门条款，导致当时众多寺庙闲置，因此当时许多多出来的寺庙都被拆除，改建成了漏泽园。这是除了正常规划的修建以外的另一种扩建方式。

但是到了后来，朱元璋下旨建设的漏泽园已经不太能够满足实际需求。成化年间瘟疫横行，导致明朝出现了大量无名尸体，为了尽可能地将百姓安葬，明宪宗下旨要求在北京城门外建立漏泽园。

第二种情况是地方政府自己设立的漏泽园。明朝中后期出现大量自然灾害，发生灾害的地方政府为了安置流亡的死者尸首，常常会自己出资修缮、扩建多处漏泽园。

第三种情况是百姓或者当地官员自发捐助建设的漏泽园。嘉靖年间三年大荒，流民数量激增，众多百姓饿死在街头，地方府县当中一些有资本的官员和富商不忍看到尸体遍地，便捐助财钱物资修建漏泽园。等到漏泽园修建完毕后，再由当地的官府接管。

尽管明王朝大规模修建了许多漏泽园，安放了无数逝去的平民百姓，但在明朝后期时，漏泽园也变得与惠民药局一样慢慢荒废。并不是因为当时社会不再有这样的需求，而是由于当时的灾荒频繁，漏泽园的修建又十分缓慢，再加上官府的倦怠工作，导致漏泽园远远不能够容纳当时百姓的尸首。

到明朝晚期时，朝野上下都热衷党争，这些救济机构也逐渐被朝廷所遗忘，原有的社会福利制度也变得形同虚设。

第六章

古人的风俗与传说

古代的玉文化

玉器在中国文明史上有着特殊的地位，《说文解字》中称："石之美者谓之玉。"在汉字中，所有以"玉"作为偏旁的字，都有"美好"的意思，如宝、璧、玺等。季羡林先生曾说过："如果用一种物质来代表中国文化，那这种物质就是玉。"

古玉器是人类古代文明里中华文明所独有的器物。因古代碾法已经失传，以加工方式区分，用碾法制作的玉器均为古玉器，而凡使用电动金刚工具等现代技术加工的玉器称为"新玉"。

在安徽省含山县的凌家滩遗址，出土了中国目前发现的时代最早、形体最大、重量最重的玉雕猪形器。同时，在一座墓葬中，还出土了三百三十多件随葬品，其中玉器就占了二百多件。在墓葬中，古人用大量玉器覆盖尸身，这是我国古代用玉殓葬的前身，汉代的金缕玉衣可能就来源于此。

凌家滩遗址出土的玉器，其工艺已经有了相当高的水准，在其中的一个玉人背后，有一个直径 0.15 毫米的孔洞。这个发现令人震惊，因为就算以今天的技术，也很难做到这一点。而凌家滩文化存在的时间距今足有5600多年，当时还处于石器时代，古人在没有金属工具的情况下，如何做到这一点，直到今天依然是个谜。

据推测，古人在加工玉器时，使用的是线割法，就是用麻绳、沙子和水来切割玉器。用这种方法加工玉器的速度十分缓慢，完成一件玉器的制作，可能要耗费数年甚至数十年之久。那时古人的寿命还比较短，花费如此多的时间去加工一件玉器，可见玉器在古人心中的地位。

在凌家滩遗址还出土了一只玉龟，在玉龟的上下腹甲之间有一块玉版，玉版上雕有一个圆圈，在圆圈的中间有一个方形八角星纹。据专家推测，这个图案很可能是中国最早的八卦图形，古籍中记载的“文王演八卦”还在此之后。

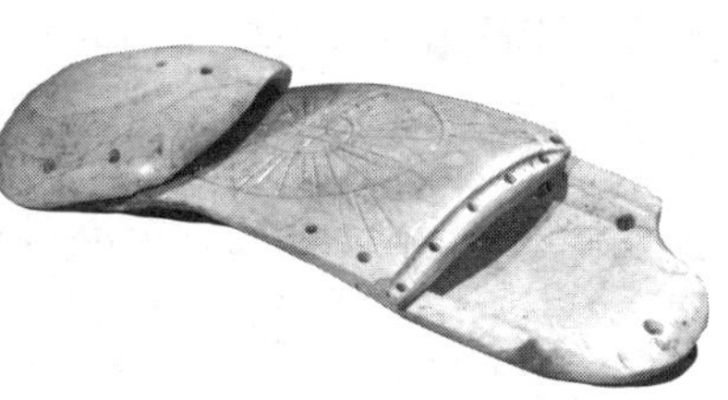

凌家滩遗址中的玉龟和玉版

在辽宁省朝阳市，属于红山文化的牛河梁遗址中，也出土了大量玉器，其中的玉猪龙是中国目前发现的最早的龙的形象，被称为“中华第一龙”。

中华第一玉龙 （红山文化）

令人惊讶的是，红山文化

和凌家滩文化中出土的玉人形态十分相似，其他玉器的风格也很相近。这两个文化所处位置虽然相距千里，但二者的时代比较接近，双方之间很可能存在交流。在不断的交流中，二者形成相近的文化氛围，中国的文明就起源于此。考古学家一直在探索中华文明最早可以追溯到什么时候，至少在这一时期，广袤的中华大地上，已经形成了一种共通的文化与审美。

在杭州余杭的良渚遗址中，出土了近七千件玉器，其形状多种多样，包括玉琮、玉钺、玉璧、三叉形器、冠状饰、锥形器、玉璜、半圆形饰、柱形器、玉镯、玉织具、玉纺轮等，以及圆雕的鸟、龟、鱼、蝉等动物形玉器。玉琮是一种内圆外方的筒形玉器，其形状正符合古人“天圆地方”的观念，中间的筒形柱象征天地之间的贯穿。在古人眼中，玉琮是沟通天地之间的媒介，是古代人们用于祭祀神祇的一种礼器。

周代时，在贵族中普遍存在佩玉的习俗，这是一种身份的象征。《礼记》中记载：“古之君子必佩玉。”除非出席丧礼等场合，否则没有特殊情况，人们玉不离身。

古时不同等级的人所佩之玉也有严格的区分：天子佩白玉，用天青色的丝带系在玉上；公侯佩黑色有山纹的玉，用红色的丝带系玉；大夫佩苍色有水纹的玉，用黑色的丝带系玉；诸侯的太子佩戴瑜，用青黑色的丝带系玉；士没有资格佩玉，只能佩戴像玉的石头，系浅红色的丝带。

在周代，不可以佩与自己身份不相符的玉，古代有一个成语叫“改步改玉”，意思是身份改变，葬礼的礼数也应变更。在不同等级之间，除了玉的颜色有差别外，其材质也不同，有使用纯玉的，也有玉、石掺杂使用的。在玉石掺杂使用时，玉和石之间的比例，也因使用者的身份而有区别，有“四玉一石”的比例，也有玉石各半的比例。

在良渚文化和红山文化出土的墓葬中，玉器的使用符合这一原则。可见，周代玉器的使用制度也是源自上古。

人们在行走时，身上佩戴的玉会发出铿锵鸣响，古人认为这种声音可以抵御邪恶观念的入侵。《大戴礼记》中记载：“居则习礼文，行则鸣佩玉，升车则闻和鸾之声，是以非僻之心无自入也。”这种说法虽然很主观，但可以看出古人在道德修养上的努力与自持。

在东汉许慎的《说文解字》中，玉有五德，分别为：“润泽以温，象征仁；表里如一，象征义；“其声舒扬，专以远闻”，象征智；“不挠而折”，象征勇；“锐廉而不枝”，象征洁。

在中国的文化中，玉被赋予了独特的内涵，儒家说“君子如玉”。玉文化在中国的传统文化中占有重要地位，在漫长的历史中，诞生了无数与玉相关的，具有美好意义的成语，如玉树临风、亭亭玉立、金枝玉叶、如花似玉、金玉满堂、冰清玉洁……在今天，玉作为美好与纯洁的象征，依然被人们所喜爱着。

辽金的“放偷日”

在辽国和金国，正月里有一个特殊的节日，即“放偷日”。所谓“放偷”，就是允许人们进行偷窃。放偷日的时间与汉族的元宵节相近：辽国放偷日从正月十三一直持续到正月十五，连续三天；金国的放偷日较短，只有正月十六这一天。

在《契丹国志》中记载：“正月十三日，放国人做贼三日，如盗及十贯以上依法行遣，国语呼为呼勒罕必。”可见，契丹的“放偷日”是有明确的界限的，偷的钱财数目不能超过十贯，否则会被治罪。所以“放偷日”其实含有一定娱乐的性质。

古画中的契丹人

金国的“放偷日”又与辽国略有不同。除了时间上由三天变成一天外，金国的放偷日没有偷盗财物数量的限制。

《松漠纪闻》中记载，金国“唯正月十六日则纵偷一日以为戏，是日，妻女宝货、车马为人所窃，皆不加刑”。这段记载是描述金国的放偷日的，很多人将其与辽国的放偷日混淆，是错误的，前面说过，辽国放偷日所偷物品是有明确的限制的。

金国的放偷日也是一种娱乐活动，而且可以随意偷东西。不过，如果在偷的过程中，被人发现，物品的主人就会笑着将对方赶走，有时还会送给对方一些小礼物。金国的女性也会参与到“放偷日”中，很多女性去别人家中做客，在主人出来迎客前，会任由其婢仆偷走主人家的饮食器具。

金国的放偷日还有一个特点，就是被偷的物品可以赎回。在放偷日过去后，如果被偷的人知道家中物品是何人所盗，有的时候偷东西的人自己就会告诉主人。此时主人家就会准备好酒食，去款待偷东西的人，然后对方才会将所偷之物归还。

在金国的赎回风俗中，被赎的物品一般都是主人比较珍爱之物，视其贵重的程度不同，赎回时的酒食规格也不同，上等的物品要备齐美酒佳肴来赎回，中等的物品大概请对方喝点酒就可以赎回，下等的物品只请对方吃些糕点就可以了。

可以看出，金国的“放偷日”中，人际交往和嬉戏的意味浓重，人们更多的是享受偷东西时，主人家“防”与客人“偷”的刺激。之后的赎回过程也是双方聚在一起饮酒吃饭，充满欢闹娱乐的色彩。

也有人说在“放偷日”这一天，还可以“偷人”，即男子可以将心仪的女性从其家中“盗走”，这种表述是不太准确的。《松漠纪闻》中记载：“亦有先与室女私约至期而窃取者，女愿留则听之。”这实际上是少数民族抢婚的风俗，抢婚在任何时候都可以，不必局限在放偷日。而放偷日中出现抢婚的做法，不过是在节日之中再增添些喜事而已。

辽、金似乎都没有过元宵节的习俗。在辽国，有正月里赏灯的习俗，不过日期似乎并不限于正月十五这一天。在辽金两国，也没有正月十五吃元宵的习惯。所以，辽、金的放偷日与汉族的元宵节究竟有无关系还有待考证，不过二者的日期如此相近，说不定会存在一些关联。

元朝的“燕九节”

元代熊梦祥著《析津志》中记载：“正月初一至十九日，都城人谓之‘燕九节’，倾城士女曳竹枝，俱往南城长春宫、白云观，宫观蕆扬法事烧香，纵情宴玩以为盛节。”燕九节在民间也称“阉九节”，据说起源于全真教的掌教丘处机。也有人将“阉九”的说法归到元末明初道士丘玄清的身上，明代《万历野获编》记载：“全真道人邱元（玄）清，以是日就阉，故名阉九。”据说丘玄清自宫的原因是明太祖曾赏赐给他两名宫女，丘玄清为了不坏修行，自宫以明志。

丘处机

通常来讲，古时与人有关的节日，其日期都选在所纪念之人诞辰或死亡的日期，燕九节则不同，据说这一天是丘处机自宫的日子。当年丘处机在修行时，为断绝欲望，去除心魔，曾自行阉割。所以在明清的时候，很多太监奉丘处机为祖师爷。

在燕九节这一天，信奉道教的人大多身着羽衣出游，传闻这一天丘处机会化成不同身份来到人间，有时扮作乡绅，有时扮作仕女，有时扮作乞丐，遇到他的人就可以祛除百病，延年益寿。人们在这一天还会举行各种各样的娱乐活动，明代吴宽诗中曾云："京师胜日称燕九，少年尽向城西走。白云观前作大会，射箭击球人马蹂。古祠北与学宫依，箫鼓不来牲醴稀。如何义士文履善，不及道人丘处机。"

元朝的燕九节从正月初一一直持续到正月十九，可谓隆重。丘处机身为汉人，在元朝有如此待遇，可以说是很难得了，这与他较早地与蒙古贵族建立起联系有关。

在兴定三年（1219年）五月，成吉思汗派使者携带诏书前往山东，邀请丘处机赴蒙古帝国相见。当时已经七十多岁高龄的丘处机毅然带徒弟前往蒙古，三年之后，才在八鲁湾行宫见到了成吉思汗。因为成吉思汗属马，丘处机属龙，所以后人也将此次会面称为"龙马相会"。在会面中，成吉思汗向丘处机询问治国与养生的方法。丘处机借机劝谏成吉思汗减少杀戮，并宣传"济世安民"的思想，劝成吉思汗"内固精神，外修阴德"。成吉思汗晚年的政策有所缓和，其中可能就有丘处机的功劳。

成吉思汗对丘处机十分尊重，在丘处机返归燕京后，命他掌管天下道教，并下诏免除道院、道士一切赋税差役。全真道在此后获得了很大发展。元世祖时，诏赠丘处机“长春演道主教真人”。元武宗时，又加封其为“长春全德神化明应真君”，后世称为“长春真人”。

不过，道教在元朝的发展并不算顺利，在元初的时候，全真教借着蒙古统治者的支持，迅速发展，取得了比较高的地位。但其在北方的扩展导致佛道之间矛盾的加深，尤其全真教士曾强行将二百多处寺院改为道观，此举遭到佛教徒的反击。在蒙哥汗当政期间，佛道之间举行过两次大的辩论，全真道士落败，道教的地位降到了佛教之下。

元世祖忽必烈执政期间，佛道之争再起，但道教依然在辩论中落败。元世祖下令将《道德经》以外的道教经典焚毁，道教遭到重创。虽然后来这条禁令被解除，但道教已难复往日光辉。

清明在古代是个重要的娱乐节日

今天，在大多数人的观念中，清明只是个祭祀的节日，不过在古代，清明的意义远不止于此。清明时节正是春暖花开，万物复苏的节气，同时也是外出踏青、郊游的好时节。古人在清明时除了祭祀外，还会举行各种各样的娱乐活动。

在清明前后，还有一个重要的节日，就是寒食节。据说是为了纪念春秋时被火烧死的名士介子推的，人们在这一天不生火，只吃冷食，所以名“寒食”。今天人们已经不太熟悉寒食节了，但寒食节在古代是十分重要的节日。清初汤若望在改革历法以前，清明节定在寒食节两日之后；汤氏改革后，寒食节定在清明节之前一日，直到今天仍是如此。不过，自唐代以后，清明与寒食逐渐合而为一。

由于在寒食节禁火，在清明这一天，人们需要重新生火。这个生火也有一个仪式，要钻木取火，称为“新火”。在唐代，每年清明节时，皇帝都会将钻取的火种赏赐给亲近的大臣，这是一种特殊的荣耀。唐朝文豪韩愈就曾被赏赐“新火”，并作诗“唯将新赐火，向曙著朝衣”。得到赏赐的臣子，还会将传火的柳条插在自家门前，向别人炫耀皇帝的宠幸。发展到后来，家家都在清明节时在门前插上柳条。

古代清明时是放假的，这正是春季郊游的时机。古代有春季踏青的习俗，踏青也称“踏春”，就是在春季郊游的意思。早期的踏青一般选在上巳节前后，后来上巳、寒食、清明逐渐融为一体。

唐代时，皇帝也会在清明时出宫游玩。天宝十三年（754 年），唐玄宗就曾带着宫女出外踏青。顾非熊在《长安清明言怀》一诗中写道：“明时帝里遇清明，还逐游人出禁城。九陌芳菲莺自啭，万家车马雨初晴。客中下第逢今日，愁里看花厌此生。春色来年谁是主，不堪憔悴更无成。”

无论古时还是现代，墓地一般都设在郊外。古人在清明去郊外扫墓，回来的时候趁着春光在外游览一番，转换一下心情，也是一种生活调剂方式。唐代诗人王维就曾作诗云：“少年分日作遨游，不用清明兼上巳。”

古人常在清明时进行一些体育活动，比如打秋千、蹴鞠、打马球等。

秋千在我国的起源非常早，据说春秋时齐桓公北伐山戎，将其秋千之戏带到了中原地区。南北朝时，打秋千的游戏就已发展到全国各地。《荆楚岁时记》中记载：“春时悬长绳于高木，士女衣彩服坐于其上而推引之，名曰打秋千。”

打秋千的游戏在贵族和平民中都十分流行，也是古时女性经常玩的娱乐活动。在唐代宫中，每逢清明，宫中的妃子、宫女等就聚在一起打秋千，唐玄宗还将其称为“半仙之乐”。在古人的诗词中，常有打秋千的描写，如宋代女词人李清照在《点绛唇·蹴罢秋千》中写道：“蹴罢秋千，起来慵整纤纤手。露浓花瘦，薄汗轻衣透。见客入来，袜刬金钗溜。和羞走，倚门回首，却把青梅嗅。”

蹴鞠也是古时清明常见的娱乐活动，可与打秋千比肩，唐代诗人杜甫曾有诗云“十年蹴鞠将雏远，万里秋千习俗同”，可见这两种运动的火爆程度。唐代时，蹴鞠所使用的球已经是充气的了。唐代仲无颇曾作过一篇《气毬赋》，里面就描写了唐人在清明玩蹴鞠时的景象：“寒食景妍，交争竞逐，驰突喧阗，或略地丸走，乍凌空似月圆。”春季阳光明媚，人们在球场上争相竞逐，来回奔走，你争我夺，乐此不疲。

古代的女性也玩蹴鞠，宫中的女性也以蹴鞠为乐。诗人王建在《宫词》中曾写道：“殿前铺设两边楼，寒食宫人步打球。”蹴鞠这种运动既可以多人玩耍，也可以两人之间单独对决，这种“单挑”蹴鞠的方式，在古代称为“白打”。从古籍中的记载来看，“白打”以踢球的花样和次数多少决定胜负，和今天的足球规则大不相同，似乎与踢毽子更加相似。

打马球，也称“击鞠”，这种运动在东汉时期就已出现，曹植在《名都赋》中曾写道，“连翩击鞠壤，巧捷惟万端”，说的就是马球这种运动。不过，直到唐朝打马球才流行起来。可能是因为唐朝时疆域辽阔，与周边民族来往频繁，再加上唐朝国力强盛，马匹在数量和质量上，都远胜前代，人们骑马的技术也比较高超，所以马球才能在唐朝盛行。

唐朝的很多皇帝都爱好打马球，据说唐玄宗李隆基就是打马球的高手。当年金城公主下嫁吐蕃赞普赤德祖赞时，吐蕃的迎亲使团就与唐朝举行过马球比赛。唐朝一方在开始时处于下风，中宗命令当时还是临淄王的李隆基下场，结果唐朝大获全胜。唐玄宗在登基后还经常观看马球比赛，宋人晁说之曾作《题明皇打球图诗》：“宫殿千门白昼开，三郎沉醉打球回，九龄已老韩休死，明日应无谏疏来。”唐朝后来的僖宗也是打马球的高手，他曾说过：“如果用打马球来选取进士，我可以当上状元。”

唐代打马球俑

古时清明节还有拔河的运动，就连朝中的宰相、将军、驸马等人也会参加，并且皇帝、妃嫔、公主等也会到现场观看，有时外国的使节也会在场观看。唐玄宗曾经通过举行拔河比赛向胡人展示武力。当时的薛胜曾作《拔河赋》，其中写道：“皇帝大夸胡人，以八方平泰，百戏繁会。令壮士千人，分为二队，名拔河于内，实耀武于外。”

古代的对联、剪纸、年画

对联属于我国的传统文化，其具体起源于何时已很难确定，古人在学作诗之前，要先学会对对子。但也有说法，对联就源于古代的诗歌。二者是有些共同之处的：首先都讲究格律；其次是对仗要工整；再次，二者的评判标准相近。好的对联与好的诗歌一样，其立意都要深刻、新颖，并且言之有物。

需要注意的是，今天我们普通话的发音已经与古汉语的发音有所不同，在平仄音方面有很大差异。中华诗词学会曾发布《中华新韵》一书，对今天普通话中的韵律做出总结与归纳。不过，由于不同地区的方言不同，所以对联和诗歌中的用韵也有所区别。当然，今天的人还可以使用古韵来写对联或作诗。

古代对联的使用场景有很多，既可以写在纸上，也可以刻在竹子、木头、柱子之上。对联一般悬挂或张贴在门、堂、阁、楼等的入口处，也有刻在器物上的。从内容上，对联又可以分为节令联、喜庆联、挽联、名胜联、行业联、题赠联等。

在今天，过春节的时候，仍有贴春联的习俗。这种风俗起源很早，在宋代政治家王安石的《元日》诗中，就写道："爆竹声中一岁除，春风送暖入屠苏。千门万户曈曈日，总把新桃换旧符。"

剪纸是我国的传统民间艺术，大概起源于汉代。中国目前出土最早的剪纸文物，年代是在南北朝时期。汉朝的时候，纸还是比较贵重的物品，南北朝时纸已经开始在民间普及了。唐朝时，已经出现了各种各样加工纸的技术，纸的种类大为丰富，出现了染色纸、撒金纸和碎花纸等。造纸技术的进步，也令剪纸艺术有了更大的发挥空间。

剪纸

剪纸的内容往往贴近生活。在唐代时，有剪纸招魂的习俗，诗人杜甫在《彭衙行》中写道："暖汤濯我足，剪纸招我魂。"

年画也是一种古老的民间艺术，在今天过春节的时候，仍有贴年画的习俗。贴年画的历史可以追溯到汉朝。东汉末年的《风俗通义·祭典》中说："于是县官常以腊除夕，饰桃人，垂苇茭，画虎于门，皆追效前事冀以卫凶也。"

古代的年画多为木版制作，有印在木版上的年画，也有刻上去的。年画的内容大多寄托着人们的美好愿望，比如招财进宝、五谷丰登、多子多福等。也有些年画的主题以避鬼驱邪为主，如门神、关公、钟馗等。随着时代的发展，年画种类和主题也越来越丰富。

宋朝是木版年画极为盛行的朝代，两宋时的汴梁、杭州、平阳是著名的年画产地。孟元老在《东京梦华录》中记载：“近岁节，市井皆卖门神、钟馗、桃板、桃符及财门、钝驴、回头鹿马之行帖子。”可惜的是，宋朝木版年画流传下来的甚少。在温州曾出土过北宋时期的木版年画《蚕母》，年画以多种颜色套印而成，其中的人物造型丰满，线条流畅，工艺十分先进。

木版年画

在明清时期，小说与戏剧的兴起，为年画提供了更多的表现主题。明中期以后，民间手工业的发展，也促进了年画技术的进步，出现了诸如天津杨柳青、山东杨家埠、苏州桃花坞等著名的年画产地。

古代道士每天都干什么

道教诞生于东汉时期，是我国土生土长的宗教，奉老子为教主。相传老子姓李名耳，唐朝皇室与其同姓，所以唐朝的统治者自称老子后裔，大力提倡道教。在唐朝时道教排在儒教和佛教之前，最为尊崇。

道教追求长生不死，这是道教信仰的独特之处。要想长生不死，有很多修炼的方法，那么在古代，道士每天都会做些什么呢？

关于"道士"一词的定义，《太霄琅书经》中称："人行大道，号为道士。身心顺理，唯道是从，从道为事，故称道士。"道士的起源可以追溯到周代穆王时期，当时虽然道教还未诞生，但已出现了以老庄为代表的道家思想。

古代道士的日常修行主要分为两部分：一是日常的功课；二是一些宗教和文化方面的修行。前者主要分为早课和晚课，其内容通常都是对经文的诵读，或念或唱，在诵读的时候也会敲打铃铛等法器，令其节奏合乎音节。

在道士的修炼中，炼丹是非常重要的一部分。炼丹分为内丹和外丹两种。我们常人眼中用丹炉烧炼丹砂等矿物的做法，其实是道家的外丹修炼；而内丹是以身体为鼎炉，以精神为丹药，以精、气、神三者合一为目的而进行修炼。

在最初，道士是可以娶妻生子的。接受道教思想诵经者，称为“道士”。也有既不接受道教的思想也不诵经的，只是作道士的打扮，这种人被称为“寄褐”，其实就是打着道士的名号游手好闲。

在宋朝时，宋太祖曾下令禁止“寄褐”，还规定道士不得娶妻生子，如果已有家室，则遣出道观到外面居住，不允许私自度人做道士。宋真宗时，再次下令，道士的亲属也不得在道观居住，违者将受到严厉的惩罚。自此，道士的生活几乎与出家无异。

对于道教来讲，宋朝时的这些政策对其发展有一定的正面影响，剔除了道教中的滥竽充数之辈，使道观真正成为清静之地，有利于道士潜心修行。

也有一部分道士并不住在道观，而选择云游四方，《红楼梦》中的空空道人就是如此。在民间，关于云游道人的传说颇多，比如《夷坚志补》中就记载了一个“仙居牧儿”的故事。

台州仙居县有个人名叫王三，一天王三在集市上碰见一个乞丐在卖泥塑的吕洞宾像，王三将其买回家中供奉，每日烧香叩拜，十分虔诚。王三有一个十来岁的小儿子，每天也跟着王三一起对塑像顶礼膜拜。

后来这个小孩在山坡上放牛，遇见一个白衣道士，就跳下牛背抓住对方的手称他为“吕先生”。道士很奇怪，问他：“你为什么认识我？”小孩说：“你和我家中供奉的神像，无论长相还是衣服都一模一样。”道人笑了笑，将一枚铜钱放在小孩的手中，告诉他：“要买东西吃时，就用这枚铜钱，随取随有，但不可以将这件事告诉其他人。”

小孩回家后将这件事告诉了其父王三，并张开手演示，将手中的钱取走后，马上就又有一枚铜钱在手。就这样，过了月余，王三起了贪婪之心，他取来一个竹篓，命小孩将手张开，不停地往竹篓里拂钱，铜钱纷纷落下。到了第三天，竹篓中已经积累了上万钱。但又过了一天，这些钱就莫名其妙地消失了。

类似的传说还有很多，内容大多比较荒诞，其主旨无非教导世人不要贪婪，要行善除恶、虔诚拜神等。

道士在生活中还要遵守很多戒律。在道教经典《太平经》中，就有很多戒律，如“贪财色灾及胞中诫”等。在南北朝时，道教的戒律逐渐丰富，到了唐朝时，道教已经有十六种戒律。除戒律外，道教还有很多劝人遵守的行为规范，《太上感应篇》就是其中之一，在其开头就写道：“祸福无门，唯人自召；善恶之报，如影随形。”篇中借太上之名，阐述“天人感应”，宣传“诸恶莫做、众善奉行”的思想，倡导积善成仙的修行方法。

道教还注重修功德。修功德要举行一些祈福免灾的祈祷仪式，最常见的就是“斋醮”。“斋”和“醮”是两种不同的概念：斋也是一种修行方法，在祭祀前要沐浴更衣、不食荤腥、不饮酒等；醮是一种祭祀，是与神灵沟通的仪式。在唐朝之后，“斋”与“醮”合称“斋醮”，并成为道教仪式的名词。

当然，也不是所有的人都相信斋醮真的可以祈福免灾。宋朝理学家真德秀曾说：“道教斋醮的目的是超度生灵，清除灾厄，但这不过是一种传统仪式罢了。福不可以求得，祸也不可以避免，花费大量的金钱去进行斋醮，不过是浪费钱财而已。”不过能这样想的人，毕竟只是少数，宋代的斋醮活动仍十分盛行，从民间到宫廷，皆是如此。宋真宗在次子生病时，就曾多次下令举行斋醮。

古代很多著名的文人对道教也有浓厚的兴趣，比如“初唐四杰”中的卢照邻、“唐宋八大家”中的韩愈等。白居易也曾在草堂炼丹。晚唐诗人李商隐曾作《东还》一诗：“自有仙才自不知，十年长梦采华芝。秋风动地黄云暮，归去嵩阳寻旧师。”

古代民间信仰的四大神灵

神灵信仰的起源很早，《大戴礼记·曾子天圆》中记载："阳之精气曰神，阴之精气曰灵。神灵者，品物之本也。"古代民间有很多神灵信仰，人们对神灵顶礼膜拜，以求获得庇佑。《史记·孝武本纪》中曰："神灵之休，祐福兆祥。"

在民间，关帝的信仰十分普遍，信仰的对象是三国蜀汉名将关羽。关羽以勇猛忠信闻名，民间很早就将其神化，称为"关公"。道教也将关羽奉为"关圣帝君"，为道教的护法四帅之一，"关帝"这一称呼就来源于此。宋徽宗时，北宋朝廷曾多次给予关公封号，从此之后，关羽的封号由"侯而王，王而帝，帝而圣，圣而天"。清朝雍正时期，关羽被尊为"武圣"，与"文圣"孔子地位等同。

关羽

在北宋时，徽宗将关羽封为"武安王"，后来封号中又加"义勇”二字；南宋时，关羽的封号中又加壮缪、英济之号，变为“壮缪义勇武安英济王”。元明清三朝的统治者也多次对关羽增加封号。到清末光绪时，关羽的封号已经变成“忠义神武灵佑仁勇威显护国保民精诚绥靖翊赞宣德关圣大帝”。

回顾关羽封号的变化，有一个特点，即每次面临外敌入侵时，统治者常会为关羽增加封号。如清道光帝时，在其封号中加“威显”二字；咸丰时又加“保国护民”四字。

由于历代统治者的大力提倡，关帝的信仰迅速传播。清代赵翼在《陔余丛考》中写道:“今且南极岭表，北极寒垣，凡儿童妇女，无不震其（关公）威灵者。香火之盛，将与天地同不朽。”士人信奉关羽因其忠良，武人信奉关羽取其神勇，商人信奉关羽取其信义。实际上，发展到后来，关帝的信仰已无所不至，“化百千亿万之躯，救率土普天之众”。

明清之后，随着商业活动逐渐发达，关羽由商人的保护神逐渐发展成财神，这种信仰在今天依旧存在。在全国许多地方，都建有关帝庙。明朝万历年间，光是北京城中，就有五十余座关帝庙，可见其香火之盛。

观音信仰也是古代民间的主要信仰之一，观音信仰来自佛教。观音菩萨也称“观世音菩萨”或“观自在菩萨”，是佛教四大菩萨之一，其余三位分别为文殊菩萨、普贤菩萨和地藏菩萨。“菩萨”一词是“菩提萨埵”的简称，来自梵语，翻译成汉语即“觉悟有情”的意思，是大乘佛教中的修行者，上求觉悟无上之智，下求度化芸芸众生。

在佛教的很多经典中，都提到过观音菩萨，如《维摩诘经》《妙法莲华经》《心经》等。但最著名的要数《心经》和《妙法莲华经》中的《观世音菩萨普门品》。

在印度佛教中，观世音菩萨的形象本为男子，在佛教传入中国后，观音的形象女性化，《五杂俎》中记载：“大士变相无常，而妆塑图绘多作女人相。”民间传说观世音菩萨可以幻化成各种形象来到世间，有三十三观音之说，其中常见的形象有白衣观音、送子观音、杨柳观音、千手观音等。

由于《观世音菩萨普门品》（原是《妙法莲华经》里的一段经品）的流行，古代百姓在遇到危难之时多念“救苦救难观世音菩萨”或“大慈大悲观世音菩萨”，以求菩萨能够出手相助。佛教中的“慈悲”并非形容词，而是两个动词：“慈”是给予幸福快乐；“悲”是拔除悲伤痛苦。《智度论·释初品中·大慈大悲义》：“大慈与一切众生乐，大悲拔一切众生苦。”

在民间，有很多供奉观音菩萨的寺庙。在明代，光是宛平县城二十五公里内，就有四十多座观音庙。古代民俗中也有很多与观音菩萨有关的节日，比如：农历二月十九为观音诞生日；六月十九日为观音成道日；九月十九日为观音出家日。每年的这三个日子，民间都会举行观音香市。

碧霞元君是道教著名的女神，关于碧霞元君的信仰，是在道教逐渐发展的过程中形成的。碧霞元君的前身是泰山玉女。古代很早的时候就有祭祀五岳的习俗，《周礼·春官·大宗伯》中曰："以血祭祭社稷、五祀、五岳。"泰山是五岳之首，古代帝王向天告太平，对佑护之功表示答谢，彰显自己的功绩时，都会在泰山顶举行封禅大典。《史记集解》载："天高不可及，于泰山上立封禅而祭之，冀近神灵也。"

最初，人们祭祀泰山时的主神是东岳大帝，泰山玉女只是作为陪衬。明代之后，碧霞元君的形象不断丰富，逐渐取代东岳大帝，成为人们去泰山祭祀时的主要对象。与关帝信仰的发展类似，碧霞元君从最初的生育之神发展到后来几乎无所不能。明代王锡爵在《东岳碧霞宫碑》中写道，贫穷的人祈求富贵，生病的人祈求健康，耕田的人祈求丰收，经商的人祈求获利，无子的人祈求生育，还有很多人代他人来祈愿。

碧霞元君在民间的信仰亦十分火热，据明代于慎行记载，每年三四月间，去泰山进香的人多达数十万，夜间望去，整个山上灯火通明，人声鼎沸。这与今天国庆节人们到泰山旅游的情形可相提并论。

真武大帝亦是古代民间信仰的重要神灵，据说起源于古代的玄武信仰，《楚辞·远游》注云："玄武，北方神名。"因为五行中北方属水，所以在古代真武大帝也被视为镇压火灾的神灵。

而关于“玄武”为何会变为“真武”，有说法是唐玄宗时为避皇帝名讳，所以改为“真武”。

真武大帝的信仰在宋朝时就已极为普遍，湖北武当山是真武大帝的道场。南宋后期真武的封号长达五十六字，而此时关羽的封号只有八个字，可见真武大帝在古人心中的地位。明朝时，由于永乐皇帝的大力提倡，民众对真武大帝的信仰更加高涨，永乐帝征调民夫二十万，重修元末时被毁坏的武当山庙宇。

明朝时，武当山上的道士多达千余人，一年四季都有人来山上进香。农历三月初三是真武大帝的生日，在此前后，会有全国各地的人来武当山进香，光是香客乘坐的船只就多达数十甚至上百艘。

钟馗竟然源自“棒槌”

钟馗是道教的神灵，也是民间信仰的重要神明，专司捉鬼驱邪，人们多将其画像贴在家中以避恶鬼。

关于钟馗的传说，有多种说法，不过其内容大同小异。《历代神仙通鉴》中记载，钟馗本是陕西终南人，少时即有才华，文武双全，为人正直，性烈如火，不过长相丑陋。唐高祖时，钟馗曾参加科举，但因长相丑陋而未被录取，羞愤之下撞死在殿前的台阶之上。皇帝听说了这件事之后，赐其红官袍安葬。所以后世中钟馗的形象大多以身穿红色官袍为主。

在沈括的《梦溪笔谈》中，记载了这样一个故事：

唐玄宗曾在骊山讲武，回宫之后身体感到不适，之后就生了病，宫中御医全都束手无策，过了月余仍无法将玄宗的病治好。一天晚上，玄宗梦见一大一小两只鬼，其中的小鬼穿着绛色的犊鼻裤，只穿着一只鞋，另一只鞋挂在腰间，还偷了杨贵妃的紫香囊和玄宗的玉笛。另一只大鬼戴着帽子，身穿蓝色衣裳，袒露着一只臂膀，大鬼将小鬼捉住，先是挖了它的眼珠，然后将其吃掉。

玄宗问大鬼是何人，大鬼答道："臣钟馗氏，是科举未中之人，发誓为陛下除尽天下的妖孽。"玄宗随后醒来，病即痊愈。于是将画工吴道子召来，向他讲述了梦中发生的事，并命吴道子试着将其画出来。吴道子听过之后，犹如亲眼看见一般，提笔作画，很快就将画作好献给玄宗。玄宗对画凝视良久，说道："难道爱卿与我做了同样的梦吗？否则怎会画得如此相像呢？"玄宗随后在画上提笔批道："灵祇应梦，厥疾全瘳。烈士除妖，实须称奖，因图异状，颁显有司。岁暮驱除，可宜遍识。以袪邪魅，益静妖氛，仍告天下，悉令知委。"封钟馗为"赐福镇宅圣君"，诏告天下，遍悬《钟馗赐福镇宅图》护福袪邪魅以佑平安。

《蒲觞钟馗》（明代 陈洪绶）

无论这个故事的真实性如何，在此之后，民间关于钟馗的信仰逐渐升温，钟馗也成了专司捉鬼驱邪的神灵。以后每逢新年之时，唐朝皇帝都会赐给大臣钟馗像作礼物，在宋朝的时候，仍有这个风俗。宋神宗就曾令画工将钟馗像拓印，赐给两府大臣。

在民间，还流传着“钟馗嫁妹”的故事。据说钟馗有个同乡好友名叫杜平，为人十分仗义，乐善好施。钟馗参加科举时，杜平曾馈赠银两帮助钟馗赴试。后来钟馗没能中状元羞愧自尽，杜平便将其隆重安葬。钟馗死后成为鬼王，为了报答杜平对他的恩义，率领鬼卒在除夕时返家，将妹妹嫁给了杜平。“钟馗嫁妹”是后世戏曲、绘画的一个重要题材，受到人们的普遍欢迎。

不过，关于钟馗的来源，还有一种说法。清代大儒顾炎武在《日知录》中考证，钟馗的起源来自一个谐音——棒槌。据说，我国古代在举行驱疫逐鬼的仪式时，要挥舞一种棒槌，称为“终葵”。《周礼·考工记·玉人》中记载：“大圭长三尺。杼上终葵首。郑玄注曰：‘终葵，椎也。’”在流传的过程中，可能出现了谐音的变化，从终葵演变为棒槌，再到后来的钟馗。还有一种说法，《左传》中记载，终葵是古代的一个姓氏，所以“钟馗”可能并非人名，而是姓氏。

总之，无论钟馗起源于哪一种说法，经过千百年的流传，其形象都已深入人心。今天，在门上贴钟馗像仍是常见的民俗。